वैल्यू ऑफ ईच डे

विन्नी रावल

Delhi-110089, India

प्रथम संस्करण : 2021
ISBN : 978-93-90889-96-9

मूल्य : 240/-

© सम्बंधित रचनाकार के अधीन
आवरण : ज्योति

वैल्यू ऑफ ईच डे
-विन्नी रावल

Value Of Each Day
-Vinni Rawal

Published by
PRAKHAR GOONJ PUBLICATION
H-3/2, Sector-18, Rohini, Delhi-110089
Email : prakhargoonj@gmail.com
sinha.neelu123@gmail.com
Ph. : 011-42635077, 7982710571, 7838505899
web : prakhargoonjpublications.com

इस पुस्तक के किसी भी हिस्से को प्रकाशक अथवा लेखक की पूर्व अनुमति के बिना इलेक्ट्रॉनिक अथवा किसी अन्य माध्यम द्वारा पुनः प्राप्ति समेत किसी भी रूप मे प्रतिलिपिकृत, अनूदित अथवा संगृहीत नहीं किया जा सकता है और न ही किसी भी रूप में अथवा किसी भी माध्य से इसे प्रसारित किया जा सकता है। ऐसा किए जाने पर सम्बंधित के विरुद्ध कानूनी कार्यवाही की जा सकती है।

समर्पण

यह पुस्तक मैं अपने माता-पिता और भगवान को समर्पित करती हूँ जिन्होंने मुझे इस काबिल बनाया कि मैं यह पुस्तक लिख सकूँ।

लेखिका का परिचय

इस पुस्तक की लेखिका मिस विन्नी रावल हैं। जिन्होंने दिल्ली यूनिर्वसिटी से ग्रेजुएशन किया है। इनको शुरूआत से ही सैल्फ हैल्प किताबें, धार्मिक किताबें, अखबार और ऐसी चीजें पढ़ने का शौक है जिससे इन्हें जिंदगी को बेहतर बनाने वाली नॉलेज मिल सके। इनको 10 साल से भी ज्यादा हो चुके हैं ऐसी किताबें सेल्फ हैल्प किताबें, धार्मिक किताबें और अन्य नॉलेज की किताबें पढ़ते हुए। उसी के आधार पर इन्होंने यह पुस्तक लिखी है। इसके साथ-साथ यह प्राइवेट सेक्टर में भी 10 साल से कार्यरत हैं और अब तक यह कई नेशनल और मल्टी नेशनल कम्पनियों में काम कर चुकी हैं। उम्मीद करते हैं कि पाठकों को इनकी पुस्तक से काफी कुछ सीखने को मिलेगा।

यह सिर्फ एक किताब नहीं है बल्कि
एक आइडिया भी है और
एक आइडिया सब कुछ बदल सकता है।

आभार

आत्मीय कृतज्ञता के साथ मैं हर उस व्यक्ति को धन्यवाद देना चाहती हूँ जो मेरी जिंदगी में आया और जिसने अपनी उपस्थिति से मुझे प्रेरित, उत्साहित और ऊर्जावान बनाये रखा।

मैं अपने बहुमूल्य मित्रों को उनके प्रेम और समर्थन के लिए विशेष धन्यवाद देना चाहती हूँ जिन्होंने इस किताब को लिखने में मेरा मार्गदर्शन किया और मनोबल बढ़ाया।

मेरे सभी परिजन व मित्रों का क्रमशः निशा रावल (माँ), मधु मीता रावल, वान्या रावल, नंदा गुरेजा, रीतिका वालिया, आकाश सीकरी, दीपक सिंघल, प्रनव जैन, डॉ. कमल लोचन, मुकेश पार्चा इनके अलावा अमूल्य पुस्तकें व डेली न्यूज पेपर।

सूचना

इस किताब में आज की जरूरत को देखते हुए कई जगह अंग्रेजी शब्दों का प्रयोग किया गया है।

इस किताब में जरूरत के अनुसार कुछ विषयों को ज्यादा विस्तार से लिखा गया है और कुछ विषयों को कम विस्तार से लिखा गया है।

जमाने के साथ-साथ सब कुछ बदलता है। यह किताब भी उसी का उदाहरण है। इस किताब को पढ़ने के लिए आपको बहुत लम्बा समय नहीं चाहिए बल्कि यह किताब एक फिल्म की तरह है जिसे आप कुछ ही समय में खत्म कर सकते हैं लेकिन यह किताब आपको बहुत कुछ सिखाएगी।

इस किताब को तीन भागों में बाँटा गया है। पहले भाग में मेडिटेशन के बारे में बताया गया है कि किस तरह से मेडिटेशन हमारी जिंदगी के लिए सबसे महत्वपूर्ण है। हो सकता है कि कुछ पाठक मेडिटेशन का नाम सुनकर असहज महसूस करें लेकिन हम यह कहना चाहेंगे कि आप मेडिटेशन वाले भाग को पूरा जरूर पढ़ें। इससे आपको बहुत कुछ सीखने को मिलेगा और जिस तरह से आप इसे पढ़ते जाएंगे आपकी रूचि भी इसमें बढ़ती जाएगी।

दूसरे भाग में हमने रीडिंग के महत्व के बारे में बताया है कि किस तरह से हमें अपनी जिंदगी को बेहतर बनाने के लिए अलग-अलग नॉलेज की जरूरत होती है।

तीसरे भाग में हमने बताया है कि हमें अपने हर दिन को बेहतर बनाने के लिए मेडिटेशन और रीडिंग के अलावा और क्या-क्या शामिल करना चाहिए।

तो हम उम्मीद करते हैं कि आपको हमारा ये प्रयास अच्छा लगेगा।

विषय सूची

हमारे दस लक्ष्य

1) मेडिटेशन के जरिये नकारात्मकता जैसी चीज़ों को जड़ से खत्म करना।

2) मेडिटेशन के जरिये डिप्रेशन जैसी चीज़ों को जड़ से खत्म करना।

3) मेडिटेशन के जरिये आत्महत्या जैसी घटनाओं को रोकना।

4) अपने अंदर की दुनिया में जाना।

5) आप सभी को जिंदगी जीने की कला सिखाना।

6) आप सभी को धन के विषय में जानकारी देना।

7) आप सभी को आध्यात्मिक ज्ञान प्रदान करना।

8) आप सभी को सेहत के प्रति जागरुक करना।

9) आप सभी को अपने हर दिन के महत्व के बारे में जागरुक करना।

10) आप सभी को जिंदगी से जुड़ी अन्य चीज़ों के महत्व के विषय में जागरुक करना। जैसे सही सोचने का महत्व, सही बोलने का महत्व इत्यादि।

प्रस्तावना

एक एक दिन करके ही तो जिंदगी बनती है। तो क्या आपने अपने हर दिन पर फोकस किया है कि आप अपना हर दिन कैसे बिताते हैं। आपको अपने लाइफस्टाइल में रोज क्या क्या शामिल करना चाहिए जिससे आप अपनी लाइफ को बेहतर बना सकें। कहीं ऐसा तो नहीं आप अपने हर दिन को बहुत हल्के मे लेते हैं तो हम आपको बताने जा रहे हैं कि आप अपने हर दिन और हर घंटे का सही इस्तेमाल करके अपनी जिंदगी को बदल सकते हैं। हमारा लक्ष्य है सारी दुनिया को अपने हर दिन की वैल्यू को समझाना। यहाँ बताया गया है कि वह कौन-कौन सी चीजें हैं जिन्हें अगर आप अपने हर दिन में शामिल करते हैं तो आपका दिन बदल सकता है और अगर आपका दिन बदल सकता है तो आपकी जिंदगी भी बदल सकती है। आज से पहले अगर आपने अपने हर दिन पर फोकस नहीं किया तो आज से ही आप अपने हर दिन और हर घंटे पर फोकस करें और कुछ ज़रूरी चीजें जिन्हें हम आगे बताने जा रहे हैं उन्हें अपनी लाइफ स्टाइल में शामिल करें।

1-सारी दुनिया मेडिटेशन की वैल्यू को समझे

मेडिटेशन

मेडिटेशन का मतलब है, अपने अंदर की दुनिया में जाना और उसकी गहरायी में जाना जिससे हमारी जिंदगी बेहतर बन सके। मेडिटेशन का नाम तो हम सबने सुना ही होगा, यह नया नहीं है। नया है इसे अपनी जिंदगी में शामिल करना। आप में से ऐसे कितने लोग हैं जो हर रोज कुछ समय ज्यादा नहीं तो 10 से 15 मिनट ही सही ध्यान के लिए निकालते हैं या मेडिटेशन के लिए निकालते हैं। ऐसा इसलिए नहीं है कि उनको मेडिटेशन करने के लिए टाइम नहीं मिलता बल्कि ऐसा इसलिए है कि उन्होंने कभी इस बारे में सोचा ही नहीं आज के समय में लोग रोज घंटों मोबाइल पर लगे रहते हैं लेकिन उनके दिमाग में कभी आया ही नहीं कि एक-एक दिन करके उनकी जिंदगी बीत रही है और हर दिन का सही इस्तेमाल करना ज़रूरी है और कुछ समय रोज मेडिटेशन जैसे ज़रूरी काम के लिए निकालना भी आवश्यक है, तो अगर आप भी उन लोगों में से हैं जो हर रोज कुछ समय मेडिटेशन के लिए नहीं निकालते तो आज से ही कुछ समय रोज मेडिटेशन के लिए निकालें।

रोज ऐसा करें और फिर देखें कि 10 से 15 मिनट मेडिटेशन करने से आपकी जिंदगी में कितना सकारात्मक बदलाव आता है और जिन लोगों के पास टाइम की कमी ना हो वह ज्यादा समय के लिए भी मेडिटेशन कर सकते हैं तो अब आप ही बताएं कि 10 से 15 मिनट निकालना कोई मुश्किल काम है, नहीं बल्कि हम ऐसा इसलिए नहीं करते कि हमने कभी इस बारे मे सोचा ही नहीं कि हमारा नया दिन शुरू हो गया है और हमें इसका पूरा इस्तेमाल करना है और इस ज़रूरी काम के लिए कुछ समय निकालना है।

तो कल जब आपका नया दिन शुरू हो तो आप इसके लिए कुछ समय निकालें और रोज इसे अपनी लाइफ स्टाइल में शामिल करें। जैसे कि आप रोज काम पर जाते हैं इसे भी अपनी लाइफ स्टाइल का हिस्सा बनाएं। तो ज़रूरी यह नहीं है कि आपको मेडिटेशन के लिए घंटों बैठना है, ज़रूरी तो यह है कि आपको अपने हर दिन के महत्व को समझना है और रोज मेडिटेशन के लिए कुछ वक्त निकालना है।

फायदे

हम इंसान कोई भी काम अपने फायदे के लिए करते हैं तो अब हम बात करेंगे कि मेडिटेशन करने से क्या-क्या फायदे होते हैं।

मेडिटेशन नकारात्मक्ता (नेगिटिविटी) को समाप्त करता है:-

जिस तरह हम रोज नहाते हैं अपने शरीर की सफाई करने के लिए उसी तरह मेडिटेशन हमारे दिमाग की सफाई करता है। रोज ना जाने कितने नकारात्मक विचार हैं जो कहीं ना कहीं से हमारे दिमाग में आ जाते हैं इन नकारात्मक विचारों का कारण कुछ भी हो सकता है जैसे कि आपकी पर्सनल लाइफ, प्रोफेशनल लाइफ या फिर आपके रिलेशन्स। पर इनको रोकना बहुत ज़रूरी है और अगर आप मेडिटेशन को अपनी लाइफ स्टाइल में रोज शामिल करते हैं तो आप देखेंगे कि कोई भी चीज़ आपको नेगेटिव नहीं कर पाती। अगर आप नेगेटिव होते भी हैं तो फिर कुछ ही देर में पॉजिटिव हो जाएँगे। तो मेडिटेशन करने का सबसे बड़ा फायदा यह है कि अपनी जिंदगी से नकारात्मक्ता को जड़ से खत्म करना और जब हम नकारात्मक्ता को जड़ से खत्म करते हैं तो हम अपनी जिंदगी की नयी शुरूआत करते हैं तो आप ही सोचें कि हफ्ते में एक दिन मेडिटेशन करना अच्छा है या फिर रोज इसके लिए कुछ समय निकालना अच्छा है तो आज से ही आप एक नयी जिंदगी की शुरूआत करें और अपने हर दिन पर फोकस करें और कल जब आपका नया दिन शुरू हो तो याद रखें कि आपको कुछ समय मेडिटेशन के लिए निकालना है क्योंकि एक एक दिन करके ही तो जिंदगी बनती है। तो क्यों ना हम अपने हर दिन को बेहतर बनाने की कोशिश करें।

कितनी अजीब बात है हम सब रोज सुबह उठ कर अपने घर की सफाई करते हैं अपने कपड़ों, बर्तन इत्यादि की सफाई करते हैं और नहाकर अपने शरीर की सफाई करते हैं लेकिन हमारा दिमाग जो कि सबसे ज्यादा ज़रूरी है मेडिटेशन करके हम उसकी सफाई नहीं करते तो अब से आप सुबह उठ कर सबसे पहले मेडिटेशन करके अपने दिमाग की सफाई करें उसके बाद बाकी कामों की शुरूआत करें।

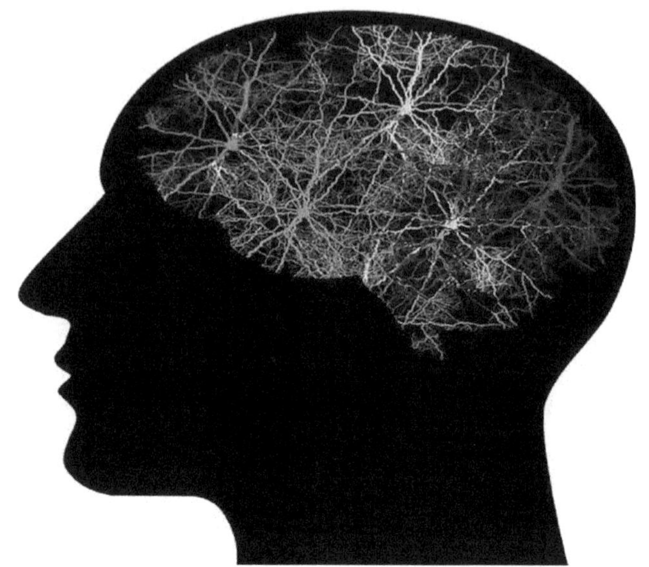

मेडिटेशन से पहले

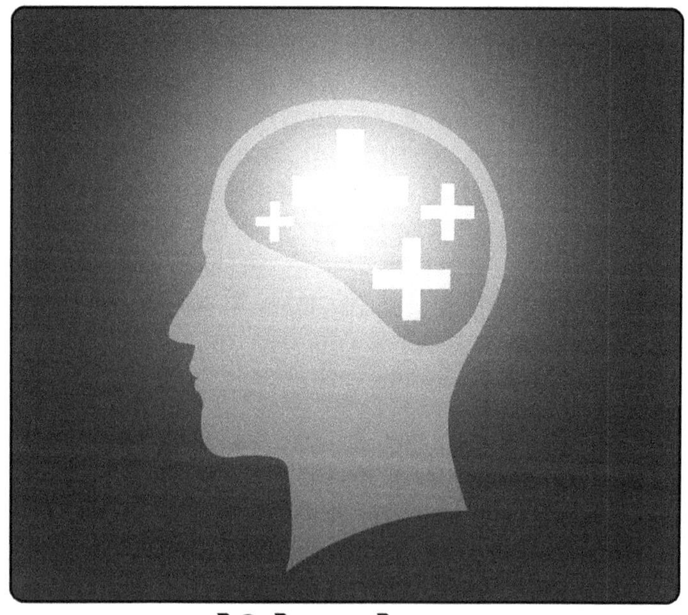

मेडिटेशन के बाद

मेडिटेशन डिप्रेशन जैसी चीज़ों को भी खत्म करता है:-

हमारा मकसद आपको डराना या नेगिटिव करना नहीं है। लेकिन यह बात सच है कि आज के समय में रोज ना जाने कितने लोग डिप्रेशन के शिकार हो रहे हैं। जिसमें बच्चे बूढ़े और जवान सभी लोग शामिल हैं और कितने ही ऐसे हॉस्पीटल्स हैं जिसमें ऐसे ढेरों लोग भर्ती हैं, फिर से इसका कारण नेगेटिव विचारों को ना रोकना है। धीरे-धीरे यह नेगेटिव विचार कब इकट्ठे हो जाते हैं और डिप्रेशन का रूप ले लेते हैं। पता ही नहीं चलता। तो अगर आप रोज कुछ समय मेडिटेशन के लिए निकालते हैं तो यह नेगिटिविटी और डिप्रेशन जैसी चीजें जड़ से खत्म हो जाएँगी। तो यहाँ एक बात और साफ हो जाती है कि मेडिटेशन की जरूरत पचास या साठ साल की उम्र के बाद नहीं होती। मेडिटेशन की जरूरत तो हमें बचपन से होती है ताकि हम शुरू से ही अंदर से मजबूत बन सकें और नेगिटिव चीज़ों जैसे डिप्रेशन या किसी भी तरह की नेगिटिव एक्टीविटी से बच सकें। तो आज से ही आप मेडिटेशन शुरू करें चाहे आपकी उम्र कितनी भी हो और अपने बच्चों को भी इसकी वैल्यू सिखाएँ।

मेडिटेशन डिप्रेशन जैसी चीज़ों को कैसे रोकता है:-

डिप्रेशन क्या है? नकारात्मक विचारों का दिमाग में इकट्ठा हो जाना तो जैसा कि हमने बताया है कि मेडिटेशन हमारे दिमाग की सफाई करता है तो जब हम रोज मेडिटेशन करते हैं तो रोज के रोज हमारे दिमाग से नेगिटिव विचार निकल जाते हैं और हमारा दिमाग साफ हो जाता है तो जब नेगिटिव विचार दिमाग में इकट्ठे ही नहीं होंगे तो डिप्रेशन का तो सवाल ही पैदा नहीं होगा लेकिन इसके लिए आपको रोज मेडिटेशन करना ज़रूरी है क्योंकि हमारी जिंदगी उतार-चढ़ावों से भरी है और हमारी जिंदगी में रोज कुछ न कुछ नकारात्मक चीजें होती रहती हैं जिसके कारण नकारात्मक विचार दिमाग में आना आम बात है तो बस मेडिटेशन से हमें रोज के रोज अपने दिमाग से उन्हीं नकारात्मक विचारों को हटाना है ताकि वह दिमाग में इकट्ठे होकर डिप्रेशन का रूप ना ले लें।

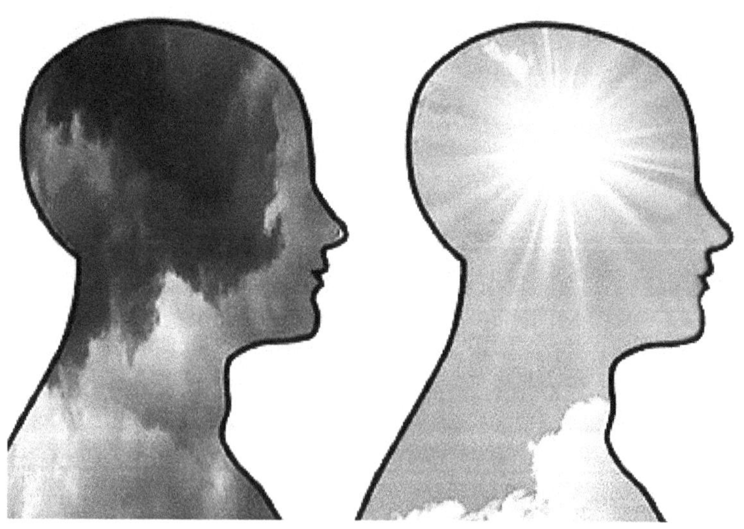

यह आत्महत्या जैसी घटनाओं को रोक सकता है:-

आजकल अगर हम एक नजर डालें और गौर करें तो आत्महत्या जैसे मामले बहुत बढ़ रहे हैं। इस लिस्ट में सभी उम्र के लोग शामिल हैं चाहे वह स्कूल के बच्चे हों, सी0ए0 का विद्यार्थी, कोई नामी हस्ती या फिर कोई और। अब सवाल यह उठता है कि कोई इंसान जिसके पास नाम है पैसा है और पावर है वह इस तरह का कदम कैसे उठा सकता है और कोई सी0ए0 का विद्यार्थी जो इतनी पढ़ाई कर रहा है वह एक पेपर में फेल होने पर आत्महत्या जैसा कदम कैसे उठा सकता है। इसका मतलब है कि कुछ तो है तो इस पढ़ाई, पैसे और नाम से भी ऊपर है तो आप जो कोई भी हैं बच्चे हैं बड़े हैं या फिर आप किस पोस्ट पर हैं या फिर आपका प्रोफेशन क्या है आप जो कोई भी हैं कुछ वक्त आप अपने हर दिन में मेडिटेशन के लिए निकालें। क्योंकि एक एक दिन करके ही जिंदगी बनती है तो आप अपने हर दिन को बेहतर बनाने की कोशिश करें।

मेडिटेशन आत्महत्या जैसी घटनाओं को कैसे रोक सकता है?

वैसे तो जब कोई आत्महत्या करता है तो इसका कुछ भी कारण हो सकता है लेकिन अगर हम गौर करें तो अक्सर लोग खराब रिश्तों के चलते और पैसों की तंगी के चलते ऐसा कदम उठा लेते हैं।

उदाहरण के लिए अगर कोई इंसान भावनात्मक रूप से किसी पर निर्भर होता है और वही इंसान जिस पर यह निर्भर होता है वह उसे धोखा दे देता है तो वह इस भावनात्मक दबाव को बर्दाश नहीं कर पाता और यह इस तरह का कदम उठा सकता है।

एसे ही जब कोई भी इंसान मानसिक या भावनात्मक रूप से किसी पर भी निर्भर हो जाता है जैसे नाम, पैसा, सफलता, पढ़ाई और रिश्ते तो जिस भी चीज़ पर वह निर्भर हो जाता है वह चीज़ उसे नहीं मिलती तो वह इंसान उस मानसिक और भावनात्मक दबाव को बर्दाश नहीं कर पाता और इस तरह का कदम उठा लेता है।

लेकिन जब हम रोज मेडिटेशन करते हैं तब हम मानसिक और भावनात्मक रूप से भगवान पर और अपनी अंदरूनी शक्तियों पर निर्भर हो जाते हैं और फिर हमारा मानसिक और भावनात्मक स्तर परिस्थितियों के अनुसार थोड़ा डगमगा जरूर सकता है लेकिन वह गिरता नहीं है फिर हालात चाहे अच्छे हो या बुरे कोई भी इंसान ऐसा कदम उठाने के बारे में नहीं सोचता, सोचता है तो सिर्फ इतना कि हालात को कैसे ठीक किया जाए। तो इस तरह से मेडिटेशन के द्वारा आत्महत्या घटनाओं को रोका जा सकता है।

हमारा मकसद आपको डराना नहीं है लेकिन मानसिक दबावों के कारण कई बार लोग कैसे गलत कदम उठा लेते हैं इसके कुछ उदाहरण हम आपको आगे देने जा रहे हैं।

नवभारत टाइम्स। नई दिल्ली। गुरुवार। 24 जून 2021
सेलरी ना मिलने से तंगी, फंदे से झूल गये टीचर–

दिल्ली के एक नामी प्राईवेट स्कूल के टीचर की संदिग्ध परिस्थितयों में खुदकुशी का मामला सामने आया है। मृतक की पहचान तनूप जौहर के रूप में हुई है। शुरूआती तौर पर कहा जा रहा है कि कोविड के दौरान सैलरी ना मिलने से टीचर ने आत्महत्या की है। पुलिस को मौके से एक स्यूसाइड नोट भी मिला है।

तनूप रोहिणी सेक्टर–9 स्थित एक नामी स्कूल में टीचर थे। पीतमपुरा के भानू एंक्लेव में अपने परिवार के साथ रहते थे। तनूप के परिवार में उनकी पत्नी, भाई और माँ है।

अब यहाँ सोचने वाली बात यह है कि तनूप को आत्महत्या के अलावा कोई दूसरा विकल्प नहीं मिला। अगर वह कोशिश करते तो जीने का कोई ना कोई रास्ता जरूर निकल आता। क्या ऐसा हो सकता है कि उनके सामने जीने के सारे रास्ते बंद हो गये थे। नहीं उन्होंने ऐसा कदम उठाया क्योंकि वह मानसिक रूप से इस समस्या का सामना नहीं कर पाये।

तो हम फिर से यही कहना चाहते हैं कि अगर आप मानसिक तौर पर अपने आप को मजबूत बनाना चाहते हैं तो आपको हर रोज मेडिटेशन को अपनी जिंदगी में शामिल करना होगा ताकि आप मानसिक रूप से अपनी अंदर की शक्तियों पर निर्भर हो सकें ना कि अपनी सैलरी या रिश्तों पर।

और जब आप मानसिक रूप से अपनी अंदर की शक्तियों पर निर्भर हो जाएंगे तो आप समस्याओं का समाधान निकालने की कोशिश करेंगे ना कि कोई गलत कदम उठाने की।

नवभारत टाइम्स। नई दिल्ली। गुरुवार। 24 जून 2021

पति की कोरोना से मौत, पड़ोसी के ताने से तंग महिला बच्चे संग 12 वीं मंजिल से कूदी

मुम्बई के अंधेरी इलाके के चाँदीवाली में 44 साल की एक महिला रेशमा तेत्रिल अपने 7 साल के बेटे गरूण को लेकर 12 वीं मंजिल से कूद गई। इससे दोनों की मौत हो गई। रेशमा पत्रकार रही थी। पुलिस के मुताबिक रेशमा ने पड़ोसी के तानों से तंग आकर आत्महत्या कर ली थी। सुसाइड नोट में रेशमा ने अपने पड़ोसी और उनके परिवार पर मानसिक रूप से तंग करने का आरोप लगाया है।

तो अब आप ही सोचिए की 44 साल की महिला मानसिक दबाव को बर्दाश नहीं कर पायी। क्या उस महिला के पास जिंदगी जीने का कोई भी विकल्प नहीं बचा होगा। जो कि उस महिला ने ऐसा कदम उठाया। तो हमें इन मानसिक दबावों को रोकना होगा और इन्हीं मानसिक दबावों को रोकने के लिए ही हमें मेडिटेशन को रोज अपने हर दिन में शामिल करना होगा ताकि हम मानसिक तौर पर अपने अंदर की शक्तियों पर निर्भर हो सकें ना कि बाहर के लोगों पर या अन्य बाहरी चीज़ों पर।

यह हमें अन्दर की दुनिया में ले जाता है:-

जैसे दिन के बाद में रात आती है और रात के बाद में दिन, सुख के बाद में दुख आता है। ऐसे ही एक दुनिया बाहर की है और एक दुनिया अन्दर की। आँखे खोल के हम बाहर की दुनिया को देखते और समझते हैं लेकिन अंदर की दुनिया को समझने के लिए आँखें बंद करना ज़रूरी है। बाहर की दुनिया को तो हम बचपन से समझना शुरू करते हैं और सारी जिंदगी समझते रहते हैं। लेकिन क्या आप रोज कुछ देर मेडिटेशन के लिए बैठकर अपने अंदर की दुनिया को समझने की कोशिश करते हैं। बाहर की दुनिया से तो हम हर समय जुड़े रहते हैं लेकिन जब हम मेडिटेशन के लिए रोज कुछ समय बैठते हैं तो हम खुद से जुड़ते हैं और हम भगवान से भी जुड़ते हैं और जब हम भगवान से जुड़ते हैं तो कोई भी चीज़ हमको नेगेटिव नहीं कर पाती। लेकिन यह सब तब होगा जब आप अपने हर दिन के महत्व को समझेंगे और हर दिन पर फोकस करेंगे और समझेंगे कि आपका नया दिन शुरू हो गया है और आपको अपने दिन का सही इस्तेमाल करना है और कुछ वक्त मेडिटेशन के लिए निकालना है।

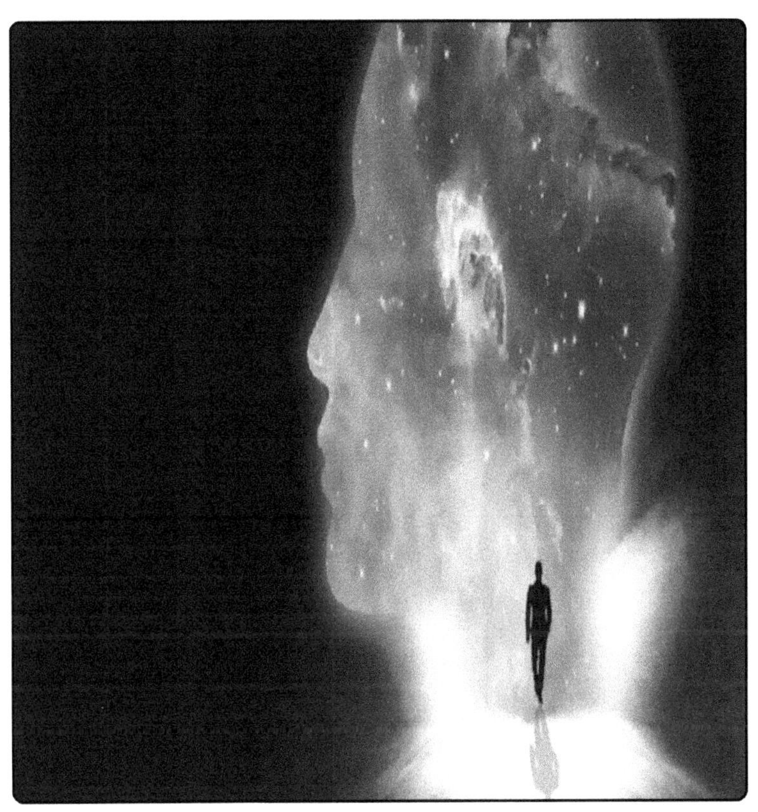

यह 21 वीं सदी है। यहाँ हम घंटों मेडिटेशन के लिए नहीं बैठ सकते लेकिन 10 से 15 मिनट रोज निकालना किसी के लिए भी मुश्किल नहीं है। हम चाहते हैं कि पूरी दुनिया अपने हर दिन के महत्त्व (वैल्यू) को समझे और अपने हर दिन में कुछ समय मेडिटेशन के लिए निकाले। मेडिटेशन के बिना दिन अधूरा है और अगर दिन अधूरा है तो जिंदगी भी अधूरी होगी।

एक की कीमतः-

एक लाख में पाँच जीरो होते हैं लेकिन एक सिर्फ एक ही होता है और अगर वह एक हट जाए तो उन पाँच जीरो की कोई वैल्यू नहीं रहती। ठीक इसी तरह हमारी जिंदगी में जो भी पैसा, नाम, शिक्षा और रिश्ते हैं वह तब तक जीरो हैं जब तक कि हम मेडिटेशन को अपनी जिंदगी का हिस्सा नहीं बनाते। क्योंकि आप अपने आस पास ऐसे लोगों को देख सकते हैं जिनके पास पैसा, नाम, शिक्षा और रिश्ते सब कुछ हैं लेकिन फिर भी वह दुखी है तो आज से ही आप अपनी नई जिंदगी की शुरूआत करें और जिस तरह से आप अपने सभी काम करते हैं उसी तरह मेडिटेशन को भी अपनी जिंदगी में शामिल करें।

यह मरी हुई जिंदगी में जान डाल देता हैः-

अगर आप भी उन लोगों में से हैं जिनके पास नौकरी, पढ़ाई और पैसा सब कुछ है लेकिन उनको अपनी जिंदगी में कुछ कमी लगती है तो आज से ही आप मेडिटेशन की शुरूआत करें और आप देखेंगे कि आपकी बेजान जिंदगी में जान आ गयी है।

यह हमें एनर्जी देता हैः-

मेडिटेशन करने का एक फायदा यह भी है कि यह आपको एनर्जी देता है। अगर आप 15 मिनट भी मेडिटेशन के लिए निकालते हैं तो आप इतना ऊर्जावान (एनर्जेटिक) महसूस करते हैं कि जितना आपने सोचा भी नहीं होगा।

100000

00000

हमारे चार मुख्य लक्ष्य।

1.मेडिटेशन के द्वारा नकारात्मक्ता को खत्म करना।

2.मेडिटेशन के द्वारा डिप्रेशन जैसी चीज़ों को खत्म करना।

3.मेडिटेशन के द्वारा आत्महत्या जैसी घटनाओं को रोकना।

4.मेडिटेशन के द्वारा अपने अंदर की दुनिया में जाना।

जब डिप्रेशन, सुसाइड और नेगिटिविटी जैसी चीजें दुनिया से हट जाएंगी तो दुनिया में एक बहुत बड़ा परिवर्तन आ जाएगा।

तो अब हम बात करते हैं कि मेडिटेशन करने में क्या क्या समस्याएँ आती है:-

1. हमने कभी यह सोचा ही नहीं कि हमारा नया दिन शुरू हो गया है और हमें अपने दिन का सही इस्तेमाल करना चाहिए और अपने रूटीन कामों के साथ साथ मेडिटेशन के लिए भी कुछ समय निकालना चाहिए। आज कल बहुत से मेडिटेशन सेंटर हैं, जहाँ पर लोग कुछ-कुछ दिनों के लिए जाना पंसद करते हैं। जो कि बहुत अच्छा है लेकिन उससे भी ज्यादा ज़रूरी है रोज इसके लिए कुछ वक्त निकालना और धीरे-धीरे इसकी गहरायी में जाना क्योंकि ना जाने कौन सा दिन हमारी जिंदगी का आखिरी दिन हो। तो आप अपने हर दिन के महत्व को समझें और हर रोज मेडिटेशन के लिए कुछ वक्त निकालें। जैसे कि अगर आपको एक किताब पढ़नी है तो अगर आप रोज एक पेज भी पढ़ते हैं तो वह किताब धीरे-धीरे अपने आप खत्म हो जाएगी। ऐसे ही अगर आप रोज 10 मिनट भी मेडिटेशन के लिए निकालते हैं तो धीरे-धीरे आप इसकी गहरायी में चले जाएंगे।

2. किसी भी काम को करने के लिए लगन होना बहुत ज़रूरी है और सर्मपन होना भी ज़रूरी है और उसके महत्व को समझना भी ज़रूरी है तभी हम उस काम को करना चाहेंगे। जैसे कि हम पैसा कमाने के लिए रोज काम पर जाते हैं क्योंकि हम पैसे के महत्व को समझते हैं और अपने आप को मानसिक रूप से तैयार कर लेते हैं काम पर जाने के लिए लेकिन लोग अपने हर दिन के महत्व को नहीं समझते और मेडिटेशन के महत्व को भी नहीं समझते इसलिए वह इसके लिए समय निकालना ज़रूरी नहीं समझते। तो हम आशा करते हैं कि अब आप अपने हर दिन के महत्व को समझेंगे और मेडिटेशन के लिए कुछ समय निकालेंगे और अपने बच्चों को भी इसकी वैल्यू समझाएंगे क्योंकि एक-एक दिन करके ही जिंदगी बनती है तो आप अपने हर दिन को बेहतर बनाने की कोशिश करें।

3. सबसे बड़ी समस्या यह है कि हम लोगों को बचपन से सिखाया ही नहीं गया कि हमको रोज कुछ समय मेडिटेशन के लिए निकालना है। बचपन से हमको सिर्फ इतना ही सिखाया जाता है कि स्कूल जाना है, कॉलेज जाना है और नौकरी करनी

है लेकिन हमको कभी यह नहीं सिखाया जाता कि मेडिटेशन जो सबसे ज़रूरी है। इसके लिए भी कुछ समय निकालना है आज के समय में हम इसको भूल चुके हैं या फिर हमने इसको साइड लाइन कर दिया है। लेकिन सच तो यह है कि यह हमारी जिंदगी का आधार है तो उम्मीद है कि अब आप अपने हर दिन की वैल्यू को समझेंगे और मेडिटेशन को अपनी दिनचर्या (डेली रूटीन) का हिस्सा बनाएंगे।

अब सवाल ये उठता है कि मेडिटेशन कैसे करें:-

पहला तरीका

मेडिटेशन का मतलब है ध्यान अंदर की तरफ लेकर जाना क्योंकि सुबह उठने से लेकर रात सोने तक हमारा ध्यान सिर्फ बाहर की दुनिया में रहता है। तो सबसे पहले आप एक शांत जगह ढूँढे और जितना आपके पास समय है 10 मिनट या 15 मिनट उसके अनुसार आप एक अर्लाम लगा लें और अब ओम या जो कोई भी मंत्र आपको अच्छा लगता है उसका जाप करें। आपकी आँखें बंद होनी चाहिए और आपका ध्यान आपकी आईब्रोस के बीच में होना चाहिए और आपकी कमर सीधी होनी चाहिए जब तक आपका अर्लाम ना बजे तब तक आप अपनी आँखें नहीं खोलें नहीं तो आपका ध्यान टूट जाएगा। लगातार ओम का जाप करें। जब आप 10 या 15 मिनट के बाद आँखें खोलेंगे तो इतनी शांति महसूस करेंगे जितना आपने कभी सोचा भी नहीं होगा और ऐसा महसूस करेंगे जैसे जितनी भी नकारात्मक चीजें हैं वह सब निकल गयी हैं और जिंदगी में एक उत्साह है और जीने का एक मकसद है और वह मकसद है अपने आप को जानना। तो जब आप रोज मेडिटेशन करेंगे तो आप महसूस करेंगे कि आप अपने अंदर की दुनिया में जाते जा रहे है।

दूसरा तरीका

आप माला से भी मेडिटेशन कर सकते हैं आप अपनी आँखें बंद करें और कोई भी एक मंत्र जैसे "हरे कृष्णा हरे कृष्णा-कृष्णा कृष्णा हरे हरे, हरे राम हरे राम राम राम हरे हर" या "ओम् नमो भगवते वासुदेवाय नमः" या फिर कोई भी मंत्र जो आपको अच्छा लगे उसके अनुसार आप माला का जाप कर सकते हैं। आपकी आँखें बंद होनी चाहिए और आपका ध्यान आपकी आईब्रोस के बीच में होना चाहिए और आपकी कमर सीधी होनी चाहिए। - लगातार माला का जाप करें और माला खत्म होने के बाद ही अपनी आँखे खोलें नहीं तो आपका ध्यान टूट जाएगा। पूरी माला खत्म होने के बाद में जब आप आँखे खोलेंगे तो बहुत शांति महसूस करेंगे। माला से मेडिटेशन करने का एक फायदा यह है कि 108 मनकों की माला अपने

आप ही कुछ देर में खत्म हो जाएगी तो आपको अर्लाम लगाने की भी जरूरत नहीं है।

तो अब आपको मेडिटेशन करने के दोनों तरीके पता हैं। तो जो कोई भी तरीका आपको अच्छा लगता है उसके अनुसार आप मेडिटेशन कर सकते हैं।

नोटः- जब आपको मेडिटेशन करते हुए पाँच साल पूरे हो जाएं उसके बाद आप बिना माला के और बिना किसी मंत्र के भी मेडिटेशन कर सकते हैं क्योंकि तब तक आपका एक अच्छा बेस बन जाता है। मतलब जितना आपके पास समय है दस मिनट या पंद्रह मिनट या इससे ज्यादा तो आप अपनी आँखें बंद करें और अपनी दोनों आइब्रोज के बीच में ध्यान करें। आपकी कमर सीधी होनी चाहिए।

मेडिटेशन किस समय करना चाहिए–

1. सुबह चार से छः बजे का समय उत्तम माना जाता है क्योंकि उस समय बहुत शांति होती है। इस समय को ब्रह्म मुहूरत भी कहा जाता है। इसलिए यदि आप इस समय मेडिटेशन के लिए उठ सकते हैं तो बहुत अच्छा है।

2. लेकिन हर व्यक्ति सुबह चार से छः के बीच में नहीं उठ सकता इसलिए जिस समय भी आप उठें और अपने दिन की शुरूआत करने लगें तो आप सब पहला काम मेडिटेशन कर सकते हैं। इसके दो फायदे होते हैं। पहला जिस भी समय हम उठते हैं तो हमारा दिमाग बहुत तरोताजा होता है और ऐसे में मेडिटेशन करना आसान हो जाता है और दूसरा फायदा यह है अब आप सबको पता है कि मेडिटेशन कितना ज़रूरी है। तो जब मेडिटेशन से ज्यादा ज़रूरी कुछ भी नहीं है तो इसे सबसे पहले ही करना चाहिए।

3. लेकिन अगर आपको लगता है कि आप व्यस्त होने के कारण अपने दिन की शुरूआत मेडिटेशन के साथ नहीं कर सकते तो जब भी आपको अपने दिन का कुछ समय मिले तो आप उस समय मेडिटेशन कर सकते हैं।

एक नजर डालते हैं भगवान श्री कृष्ण अपने दिन की शुरूआत कैसे करते हैं।

यह उदाहरण हमारे प्राचीन ग्रंथ महाभारत के शांति पर्व से लिया गया है। भगवान श्री कृष्ण की दिनचर्या के बारे में कुछ इस प्रकार बताया गया है कि वे अपने पलंग पर सो रहे थे। जब आधा पहर रात बीतने को रह गयी, तो वह जाग उठे और अपने सनातन ब्रह्म स्वरूप का ध्यान (मेडिटेशन) करने लगे। फिर भगवान श्री कृष्ण ने बिस्तर से उठकर प्रातः स्नान किया, फिर गायत्री मंत्र का जप करके अग्नि के पास बैठकर हवन किया।

तो जब भगवान श्री कृष्ण भगवान होकर सबसे पहले मेडिटेशन करके अपने दिन की शुरूआत करते हैं तो अब आप समझ सकते हैं कि यह कितना महत्वपूर्ण है और अब आपको समझना है कि आप किस समय मेडिटेशन करना चाहते हैं।

मेडिटेशन की शुरूआत किस उम्र से करें :-

अब सवाल यह उठता है कि मेडिटेशन किस उम्र से शुरू करना चाहिए। तो जैसे कि हमने पीछे बताया है कि मेडिटेशन की शुरूआत बचपन से करनी चाहिए ताकि बच्चा शुरूआत से ही अंदर से मजबूत बन सके तो हम यह कहना चाहेंगे कि जब बच्चे की उम्र 7 से 8 साल के बीच हो तभी से आप उसे मेडिटेशन करने की आदत डालें क्योंकि जब बच्चा बड़ा हो रहा होता है तो उसके ऊपर कई तरह के मानसिक दबाव होते हैं जैसे पढ़ाई का दबाव, दुनिया की नई नई चीज़ों को समझने का दबाव और भी बहुत कुछ। तो ऐसे में जब बच्चा शुरूआत से ही मेडिटेशन करता है तो वह इन बाहरी दबावों को झेलने में सक्षम हो जाता है और फिर कोई भी परिस्थिति या घटना उसको मानसिक रूप से परेशान नहीं कर पाती है। इसलिए जितना जल्दी हो सके हम सबको मेडिटेशन को अपनी जिंदगी का हिस्सा बना लेना चाहिए।

मानसिक दबावों के चलते कई बार कुछ बच्चे किस तरह से गलत कदम उठा लेते हैं इसके कुछ उदाहरण हम आपको देना चाहेंगे।

सिया कक्कड़- जन्म 9 सिंतबर 2004 दिल्ली मृत्यु 25 जून 2020, नई दिल्ली

16 साल की टिकटॉक स्टार सिया कक्कड़ ने अपने घर पर फांसी लगाकर आत्महत्या कर ली थी। सिया कक्कड़ के टिकटॉक पर लाखों लोग उनको फॉलो करते थे। कहा जाता है कि सिया डिप्रेशन में थी। जिसके चलते सिया ने आत्महत्या जैसा कदम उठाया। अब सोचने वाली बात यह है कि जो लड़की सोशल मीडिया पर इतनी एक्टिव थी, लाखों लोग जिसको पसंद करते थे वह डिप्रेशन में थी। शायद किसी ने ऐसा सोचा भी नहीं होगा।

महज 16 साल की उम्र और आत्महत्या जैसा कदम कितने हैरान कर देने वाली बात है। सिया कक्कड़ जैसे ना जाने कितने ही लड़के लड़कियाँ कम उम्र में मानसिक दबावों को बर्दाश नहीं कर पाते और गलत कदम उठा लेते है। मतलब जिंदगी जीने से पहले ही जिंदगी को खत्म कर लेते हैं।

तो अगर हम चाहते हैं कि बच्चे और जवान लड़के लड़कियाँ भी आत्महत्या जैसे कदम ना उठाऐं तो हमें शुरूआत से ही बच्चों को मेडिटेशन करना सिखाना होगा ताकि बच्चे शुरूआत से ही मानसिक दबावों को झेलने में सक्षम हो सकें।

नई दुनिया-मध्य प्रदेश-22 अक्तूबर 2020

नीट रिजल्ट/छिंदवाड़ा नई दुनिया प्रतिनिधी

तकनीकी गडबड़ी किस तरह किसी होनहर की जान ले सकती है, छिंदवाड़ा में इसका एक दर्दनाक उदाहरण सामने आया है। छिंदवाड़ा के परिसिया की मैगजीन लाइन निवासी छात्रा विधी सूर्यवंशी ने पोर्टल पर नीट का परीक्षा परिणाम देखा। वहाँ उसे प्राप्त अंकों के स्थान पर 6 अंक दिखे। इससे हताश होकर उसने आत्महत्या कर ली। कुछ दिनों बाद परिजनों ने जब ओएमआर शीट पर नंबर देखे तो पता चला कि विधी को कुल 590 अंक मिले हैं। पिता गजेन्द्र सूर्यवंशी के मुताबिक विधी ने पोर्टल पर परीक्षा का परिणाम देखा वह यह देखकर तनाव में आ गयी की उसे महज 6 अंक मिले हैं। इसके दो दिन बाद ही उसने घर में आत्महत्या कर ली।

अब आप खुद ही सोचिए की एक छात्रा जो पढ़ाई में इतनी अच्छी थी फिर भी उसने ऐसा कदम उठाया। क्योंकि उसे स्कूली शिक्षा तो दी जा रही थी पर जिंदगी जीने की शिक्षा नहीं दी गयी थी। जिसके कारण वह पढ़ाई में तो अच्छी थी पर शायद मानसिक रूप से कमजोर थी। जो कि यह बर्दाश नहीं कर पायी कि उसे परीक्षा में 6 अंक मिले हैं।

दूसरे शब्दों में हम यह कह सकते हैं कि वह मानसिक रूप से अपनी पढ़ाई व अँको पर निर्भर हो गयी थी और परीक्षा का परिणाम सही नहीं आने पर उसने आत्महत्या जैसा कदम उठा लिया।

तो जब हम अपने बच्चों को शुरूआत से ही मेडिटेशन करना सिखाएंगे तो वह मानसिक रूप से अपने अंदर की शक्तियों पर निर्भर हो जायेंगे ना कि अपनी पढ़ाई या किसी और चीज़ पर और फिर किसी भी परिस्थिति में ऐसा कदम उठाने के बारे में नहीं सोचेंगे।

सिया और विधी तो सिर्फ दो उदाहरण हैं। ना जाने ऐसे कितने ही लड़के लड़कियां हैं जो जरा सी परेशानी आने पर गलत कदम उठा लेते हैं।

तो अब से आप अपने बच्चों को पढ़ाई लिखाई और अन्य चीज़ों के साथ-साथ मेडिटेशन के महत्व के बारे में भी बताएँ ताकि वह किसी भी तरह के मानसिक दबावों में आकर कोई गलत कदम न उठाएँ।

यह सभी धर्मों के लोगों के लिए ज़रूरी हैः-

मेडिटेशन एक ऐसी प्रकिया है जो सभी लोगों के लिए ज़रूरी है। चाहे आप किसी भी धर्म से हैं और यह सभी उम्र के लोगों के लिए ज़रूरी है। चाहे कोई स्कूल जाने वाला बच्चा, जवान या फिर बुजुर्ग।

जानवर और इंसान में सबसे बड़ा फर्कः-

एक इंसान और जानवर में सबसे बड़ा अंतर क्या है। एक इंसान पैसा कमाता है रहने के लिए, खाने के लिए और सोने के लिए। लेकिन एक जानवर बिना कमाए रहता भी है, खाता भी है और सोता भी है। लेकिन मेडिटेशन नहीं कर सकता और अपने आप को जान नहीं सकता और कुछ अच्छा पढ़ के अपनी नॉलेज नहीं बढ़ा सकता।

मेडिटेशन सभी धर्मों के लिए ज़रूरी है।

घर तभी मजबूत होता है जब घर की नींव मजबूत होती है इसी तरह से आपके दिमाग की नींव तभी मजबूत होगी जब आप रोज मेडिटेशन को अपनी जिंदगी का हिस्सा बनाएंगे।

आपको नहीं पता कि आपकी उम्र कितनी है, 30 साल, 40 साल, 50, 60 या 70 साल तो इसलिए आज से ही मेडिटेशन को अपनी जिंदगी का हिस्सा बनाएँ।

जिस तरह से हमारे सैनिक बोर्डर पर हमेशा तैनात रहते हैं हमारे देश की रक्षा के लिए उसी तरह जब आप मेडिटेशन करते हैं तो अपने आप को हमेशा तैयार रखते हैं इस दुनिया की मुसीबतों से लड़ने के लिए।

2-सारी दुनिया नॉलेज की वैल्यू को समझे

तो अभी आपने समझा मेडिटेशन की वैल्यू को कि किस तरह रोज मेडिटेशन करने से आपकी जिंदगी में एक बड़ा बदलाव आ सकता है और किस तरह आप मेडिटेशन करने से रोज पॉजिटिव और एनर्जेटिक रह सकते हैं और सबसे अच्छी बात यह है कि आपको मेडिटेशन करने के लिए चाहिए सिर्फ 10-15 मिनट रोज। तो आज से ही आप अपनी नई जिंदगी की शुरूआत करें और रोज 10-15 मिनट मेडिटेशन के लिए निकालें और अब हम आगे आपको वह दूसरा काम बताने जा रहे हैं जो कि आपकी जिंदगी को बेहतर बनाने के लिए ज़रूरी है और इसके लिए आपको चाहिए 30 मिनट का टाइम। आपको हर दिन कुछ समय पढ़ने के लिए निकालना चाहिए और आपको रोज क्या-क्या पढ़ना चाहिए वह हम आपको आगे बताने जा रहे हैं।

सैल्फ हैल्प बुक्सः-

जी हाँ अगर आप अपनी जिंदगी सचमुच बदलना चाहते हैं तो आपको अपने हर दिन पर फोकस करने की जरूरत है और हर दिन रोज 10 मिनट के लिए एक सैल्फ हैल्प बुक पढ़ने की जरूरत है। यह किताबें हमें जिंदगी से जुड़ी बहुत सी चीज़ों के बारे में बताएंगी। जैसे विटामिन सी और विटामिन डी का महत्व अलग-अलग होता है लेकिन हमारे शरीर को दोनों की ही जरूरत होती है ऐसे ही हमें अपनी जिंदगी को ठीक तरह से जीने के लिए अलग-अलग नॉलेज की जरूरत होती है। इसके कुछ उदाहरण हम आपको देना चाहेंगे।

मेरा चीज़ किसने हटाया (Who Moved My Cheese) डॉक्टर स्पेंसर जॉनसन

अक्सर हम लोग चेंज यानी बदलाव से डरते हैं और बस अपने आराम की दुनिया में ही जीना चाहते हैं लेकिन जब आप यह किताब पढ़ेंगे तो आप जान जाएंगे कि बदलाव को कैसे स्वीकार किया जाए और कैसे उसको सकारात्मकता पूर्वक लिया जाए। तो अगर आप लोग भी बदलाव से डरते हैं या फिर बदलाव को स्वीकार करना मुश्किल समझते हैं तो आप यह किताब पढ़ सकते हैं और फिर आप देखेंगे कि आपके लिए बदलाव को स्वीकार करना कितना आसान हो गया है।

जीत आपकी (You Can Win) शिव खेड़ा

शिव खेड़ा की यह किताब आपको जिंदगी से जुड़ी तमाम चीज़ो के बारे में बताएगी। तो जब आप ऐसी किताबें पढ़ना शुरू करेंगे तो आप देखेंगे कि आपको बहुत कुछ सीखने को मिल रहा है। यह किताब आपको बताएगी कि आप किस तरह से अपनी जिंदगी में जीत हासिल कर सकते हैं।

इस किताब के कुछ उदाहरण हम आपको देना चाहेंगे

सन 1914 में थॉमस एडिसन की फैक्टरी जल गयी। उस समय उनकी उम्र 67 साल थी। एडिसन जवान नहीं रह गये थे और फैक्टरी का बीमा बहुत थोड़े पैसों का था। इसके बावजूद अपनी जिंदगी भर की मेहनत को धुंआ बनकर उड़ते हुए देखकर उन्होंने कहा यह बरबादी बहुत कीमती है। हमारी सारी गलतियां जलकर राख हो गयीं। मैं ईश्वर को धन्यवाद देता हूँ कि उसने हमें नयी शुरूआत करने का मौका दिया। उस तबाही के तीन हफ्ते बाद ही उन्होंने फोनोग्राफ का अविष्कार किया। क्या शानदार नज़रिया है। सब कुछ खतम होने के बाद जहाँ कोई इंसान पूरी तरह टूट जाता है वहीं थॉमस ने बिना समय बरबाद किये इसमें भी कुछ सकारात्मक देखा और आगे बढ़कर फोनोग्राफ का आविष्कार किया।

65 साल की उम्र में कर्नल सेंडर्स के पास पूँजी के नाम पर एक पुरानी कार और सामाजिक सुरक्षा योजना से मिला 100 डॉलर का चैक ही था। उन्होंने महसूस किया कि अपनी हालत बेहतर बनाने के लिए उन्हें कुछ करना चाहिए। उन्हें अपनी माँ का फ्राइड चिकन बनाने का नुस्खा याद आया और वह उसे बेचने के लिए निकल पड़े। एक अंदाजे के मुताबिक पहला आर्डर हासिल होने से पहले उन्होंने हजारों दरवाजे खटखटाए। हम में से ज्यादातर लोग तीन बार, दस बार, अधिक से अधिक सौ बार कोशिश करके हार मान लेते हैं और उसके बाद कहते हैं कि हमने अपनी तरफ से पूरी कोशिश की।

थॉमस एडिसन

कर्नल सैंडर्स

सुकरात

एक युवक ने सुकरात से सफलता का रहस्य पूछा। सुकरात ने उससे दूसरे दिन सुबह नदी के किनारे मिलने के लिए कहा। दूसरे दिन युवक सुकरात से मिलने नदी के किनारे पहुँचा, तो उन्होंने उसे नदी की ओर चलने के लिए कहा। जब पानी उसकी गर्दन तक पहुँच गया, तो सुकरात ने अचानक युवा का सिर पानी में डुबो दिया। युवक पानी से बाहर निकलने के लिए छटपटाने लगा, पर सुकरात काफी मजबूत थे। उन्होंने युवक को पानी में डुबोए रखा। युवक का शरीर जब नीला पड़ने लगा, तब सुकरात ने उसका सिर पानी से बाहर निकाला। सिर पानी से बाहर निकलते ही युवक ने सबसे पहले हवा में एक गहरी सांस ली। सुकरात ने युवक से पूछा, ''जब तुम पानी के अन्दर थे, तो तुम्हें किस चीज़ की जरूरत सबसे ज्यादा महसूस हो रही थी ?'' युवक ने जवाब दिया, ''हवा की।'' सुकरात ने कहा, ''सफलता का यही रहस्य है। जब तुम्हें सफलता हासिल करने की वैसी ही तीव्र इच्छा होगी, जैसी कि पानी के अन्दर हवा के लिए हो रही थी, तब तुम्हें सफलता मिल जाएगी।''

गहरी इच्छा हर उपलब्धि की शुरुआती बिन्दु होती है। जिस तरह आग की छोटी लपटे अधिक गर्मी नहीं दे सकती, वैसे ही कमजोर इच्छा बड़े नतीजे नहीं दे सकती।

सफलता की हर कहानी महान असफलताओं की कहानी भी है–

एक आदमी की जिंदगी की कहानी बड़ी मशहूर है। यह आदमी 21 साल की उम्र में व्यापार में नाकामयाब हो गया, 22 साल की उम्र में वह एक चुनाव हार गया, 24 साल की उम्र में उसे व्यापार में फिर असफलता मिली, 26 साल की उम्र में उसकी पत्नी मर गयी, 27 साल की उम्र में उसका मानसिक संतुलन बिगड़ गया, 34 साल की उम्र में वह कांग्रेस का चुनाव हार गया, 45 साल की आयु में उसे सीनेट के चुनाव में हार का सामना करना पड़ा, 47 साल की उम्र में वह उपराष्ट्रपति बनने में असफल रहा, और वही आदमी 52 साल की उम्र में अमरीका का राष्ट्रपति चुना गया। वह आदमी अब्राहम लिंकन था। क्या आप लिंकन को असफल मानेंगे ? वह शर्म से सिर

झुकाकर मैदान से हट सकते थे, और अपनी वकालत फिर शुरू कर सकते थे। लेकिन लिंकन के लिए हार केवल एक भटकाव थी, सफर का अंत नहीं

सुकरात

अब्राहम लिंकन

विल्मा रूडोल्फ की कहानी

The Wilma Rudolph Story

विल्मा रूडोल्फ का जन्म टेनेसी (Tennessee) के एक गरीब परिवार में हुआ था। 4 साल की उम्र में उसे डबल निमोनिया (Double Pneumonia) और काले बुखार (Scarlet fever) ने गंभीर रूप से बीमार कर दिया। इनकी वजह से उसे पोलियो हो गया। वह पैरों को सहारा देने के लिए ब्रेस (Brace) पहना करती थी। डॉक्टरों ने तो यहाँ तक कह डाला था कि वह जिंदगी भर चल फिर नहीं सकेगी। लेकिन विल्मा की माँ ने उसकी हिम्मत बढ़ाई और कहा कि ईश्वर की दी हुई क्षमता, मेहनत और लगन से वह जो चाहे कर सकती है। यह सुनकर विल्मा ने कहा कि वह इस दुनिया की सबसे तेज धाविका (Runner) बनना चाहती है। 9 साल की उम्र में डॉक्टरों के मना करने के बावजूद विल्मा ने ब्रेस को उतारकर पहला कदम उठाया, जब कि डॉक्टरों ने कहा था कि वह कभी चल नहीं पायेगी। 13 साल की होने पर उसने अपनी पहली दौड़ प्रतियोगिता में हिस्सा लिया और सबसे पीछे रही। उसके बाद वह दूसरी, तीसरी, चौथी दौड़ प्रतियोगिताओं में हिस्सा लेती रही और हमेशा आखिरी स्थान पर आती रही। वह तब तक कोशिश करती रही, जब तक वह दिन नहीं आ गया, जब वह फर्स्ट आयी।

विल्मा से हमें क्या सीखना चाहिए? इससे हमें शिक्षा मिलती है कि कामयाब लोग कठिनाइयों के बावजूद सफलता हासिल करते हैं, ना कि तब, जब कठिनाइयां नहीं होतीं।

तो ऐसे बहुत से उदाहरण इस किताब में है जो आपको आगे बढ़ने के लिए प्रोत्साहित करते हैं।

विल्मा रूडोल्फ

अगर आप सोचते हैं

अगर आप सोचते हैं कि आप हार गये।
तो आप हारे हैं
अगर आप सोचते हैं कि आपमें हौसला नहीं है
तो सचमुच नहीं है
अगर आप जीतना चाहते हैं
मगर सोचते हैं कि जीत नहीं सकते
तो निश्चित है कि आप नहीं जीतेंगे
अगर आप सोचते हैं कि हार जाएंगे
तो आप हार चुके हैं
क्योंकि हम दुनिया में देखते हैं कि
सफलता कि शुरूआत इंसान की इच्छा से होती है
सब कुछ हमारी सोच पर निर्भर करता है
अगर आप सोचते हैं कि पिछड़ गये हैं
तो आप पिछड़ गये हैं।
तरक्की करने के लिए आपको अपनी सोच ऊँची करनी होगी
कोई भी सफलता प्राप्त करने से पहले
आपको अपने प्रति विश्वास लाना होगा।
जीवन की लड़ाइयां हमेशा
सिर्फ तेज और मजबूत लोग ही नहीं जीतते बल्कि
आज नहीं तो कल जीतता वही आदमी है
जिसे यकीन है वह जीतेगा।

तो जब आप लगातार ऐसी चीजें पढ़ते हैं तो आपके जीवन में सकारात्मक परिवर्तन आने लगता है।

अमीरों के पाँच नियमः- डॉक्टर सुधीर दिक्षित-

अगर आप पैसों से जुड़ी जानकारी लेना चाहते हैं या फिर दुनियाभर के अमीर लोगों के बारे में जानना चाहते हैं तो आप यह किताब पढ़ सकते हैं। यह किताब आपको दुनियाभर के अमीर लोगों के बारे में और उनके व्यवसायिक जीवन के बारे में विस्तार से जानकारी देगी। जैसे कि बिल गेट्स और धीरूभाई अंबानी कि किस तरह से इन्होंने अपने जीवन में पैसा कमाया। इस किताब के कुछ उदाहरण हम आपको देना चाहेंगे।

नारायण मूर्तिः-

नारायण मूर्ति ने जब अपने छः दोस्तों के साथ इन्फोसिस टेक्नोलोजिस की स्थापना की, तो उन्होंने पाटनी कम्प्यूटरस की नौकरी छोड़ने का जोखिम लिया था। यह सभी दोस्त उस वक्त पाटनी कम्प्यूटरस में काम करते थे। बंधी बंधाई तन्ख्वाह वाली नौकरी छोड़कर एक नये काम में हाथ डालना और अनिश्चितता का खतरा मोल लेना उस वक्त समझदारी नहीं दिख रही थी, क्योंकि उस जमाने में भारत में कम्प्यूटर का चलन नहीं था और बहुत कम लोगों को कम्यूटर के इतने लोकप्रिय होने की उम्मीद थी।

उस वक्त कोई नहीं कह सकता था कि नारायण मूर्ति और उनके साथियों का यह छोटा सा काम आगे चलकर इतने विश्व विख्यात संस्थान में बदल जाऐगा। 1970 के दशक के अन्त में नारायण मूर्ति और उनके कुछ मित्रों ने अपने नौकरी छौड़ने का फैसला किया, क्योंकि वह अपने दम पर कुछ करना चाहते थे। इस तरह इंफोसिस टेक्नोलोजिस का जन्म हुआ। शुरूआती पूँजी जुटाने के लिए नारायण मूर्ति को दस हजार रूपये के लिए अपनी पत्नी सुधा के सामने हाथ फैलाने पड़े। एक तरह से उनकी पली सुधा मूर्ति के वही दस हजार रूपये इंफोसिस की नींव बने और उसी के दम पर आज इतना विशाल साम्राज्य बना है। आज नौकरी छोड़ने और पत्नी की जमा पूँजी लेने का नारायण मूर्ति का जोखिम रंग ला रहा है और उनकी गिनती अरबपतियों में होती है।

नारायण मूर्ति

जेफ बेजोस

नया काम करने वालों में जेफ बेजोस का नाम बहुत आगे है। जिन्होंने अमेजॉन डॉट कॉम नामक वेब साइट शुरू की। इस वेब साइट पर हर साल लाखों किताबें खरीदी जाती हैं। आज बेजोस का नाम दुनिया के अरबपतियों की सूचि में आता है ऐसा इसलिए है क्योंकि उनके मन में इंटरनेट के माध्यम से पुस्तकें बेचने का विचार आया था और उनमें इस नये विचार पर काम करने का साहस था। बेजोस जानते थे कि पुस्तकों को बेचने के लिए पंरपरागत बुकस्टोर के बजाय ऑन लाइन बुकस्टोर खोलना ज्यादा आसान है क्योंकि पंरपरागत बुकस्टोर खोलने के लिए बहुत पूँजी, इमारत, फर्नीचर आदि की जरूरत होती है जब कि इंटरनेट के माध्यम से इन्हें बहुत कम लागत पर आसानी से बेचा जा सकता है।

इंटरनेट पर पुस्तकों का बिजनेस शुरू करने के लिए उन्हें तीन चीज़ों की खास जरूरत थी। पुस्तकों की तत्काल उपल्बधता, वेब साइट पर पुस्तकें बेचने का सॉफ्टवेयर और फाइनेंसर। उन्होंने सिएटल में अपना ऑफिस खोलने का फैसला किया, क्योंकि वहाँ पर इनग्राम बुक डिस्ट्रीब्यूटर जैसा एक बड़ा बुक स्टोर था, जहाँ पुस्तकें तत्काल मिल सकती थीं। शुरूआत में बेजोस के पास कुल 3 कर्मचारी थे। जब वेबसाइट पर पुस्तकें बेचने के सॉफ्टवेयर का सवाल आया तो बाजार में ऐसा कोई सॉफ्टवेयर था ही नहीं चूँकि बेजोस खुद कम्प्यूटर प्रोग्रामिंग जानते थे, इसलिए उन्होंने अपने गैरेज में कम्पयूटर रखवाये और डाटाबेस प्रोग्रामस तथा वेबसाइट का सॉफ्टवेयर बनाने लगे। जेफ बेजोस ने नवंबर 1994 से फरवरी 1995 तक चार महीने दिन रात मेहनत की, बहुत कम सोये और ऐसा सॉफ्टवेयर बना डाला, जिससे पुस्तकें इंटरनेट पर ऑर्डर की जा सकें। फाइनेंसिंग के मामले में बेजोस ने फाइनेंसिग कंपनी से साफ कह दिया कि मैं पुस्तक उद्योग के बारे में कुछ नहीं जानता। मैं तो बस इतना जानता हूँ कि मैं इंटरनेट के माध्यम से पुस्तकें बेचकर पुस्तक उद्योग का नक्शा बदलने वाला हूँ।

अमेजॉन डॉट कॉम वेबसाइट जून 1995 में शुरू हुई और इसने सचमुच दुनिया का नक्शा बदल दिया। इसका नाम दुनिया की सबसे बड़ी नदी के नाम पर रखा गया, क्योंकि

बेजोस दुनिया के सबसे बड़े पुस्तक विक्रेता बनना चाहते थे। जल्द ही जेफ बेजोस का सपना सच हो गया और सिर्फ चार साल बाद 1999 में ऐमेजॉन डॉट काम का बाजार मूल्य 6 बिलियन डॉलर आंका गया। आज उनकी वेबसाइट पर पुस्तकों के अलावा बहुत से अन्य प्रोडक्टस खरीदे जा सकते हैं जिनमें इलैक्ट्रोनिक सामान, गहने, जूते, मोबाइल, खिलौने और भी बहुत सी चीजें शामिल हैं। तीन कर्मचारियों के साथ शुरू हुई अमेजान डॉट कॉम कंपनी के स्टाफ में आज हजारों कर्मचारी हैं। 2006 में अमेजॉन कंपनी की कुल बिक्री 10.71 बिलियन डॉलर थी, जिस पर इसे 190 मिलियन डॉलर का शुद्ध लाभ हुआ। आज दुनिया के सबसे अमीर लोगों में बेजोस का नाम शामिल है ओर ऐसा सिर्फ इसलिए हुआ क्योंकि उन्होंने एक नया काम किया।

जेफ बेजोस

रे क्राकः-

रे क्राक ने मैकडॉनल्डस हैमबर्गर फ्रेंचाइजी चेन बनाते समय दूरदर्शिता का परिचय दिया था। उन्होंने भविष्य की उस संभावना को भॉप लिया था जिसे मैकडॉनल्ड बंधु नहीं देख पाये थे। यही वजह है कि आज रे क्राक को फास्ट फूड का पितामह कहा जाता है। रे क्राक को इतनी बड़ी सफलता इसलिए मिली क्योंकि उन्होंने दूसरे के काम में छिपे अवसर को भॉप लिया था।

52 वर्षीय रे क्राक ने जब मैकडॉनल्ड बंधुओं के फास्ट फूड रेस्त्रां को देखा तो वह उससे बहुत प्रभावित हुए। उन्होंने दोनों भाईयों को यह सुझाव दिया कि वे देश भर में इसकी चेन खोलें जब मैकडॉनल्ड बंधुओं ने इसमें कोई रूचि नहीं ली तो क्राक ने यह काम खुद करने का बीड़ा उठाया। उन्होंने कर्ज लेकर मैकडॉनल्ड बंधुओं से फ्रेंचाइजी चेन के सारे अधिकार खरीद लिए और दुनिया भर में मैकडॉनल्डस के नाम का डंका बजा दिया।

रे क्रॉक उन बिरले लोगों में से हैं जिन्होंने पूरी दुनिया की खाने पीने की आदतें बदल दी हैं। उन्होंने व्यस्तता से भरे संसार को सस्ते, आरामदेय व विश्वसनीय फास्ट फूड का उपहार दिया, उन्होंने ना सिर्फ अवसर को भॉपा बल्कि उसका पूरा लाभ भी उठाया। वह फास्ट फूड की आधुनिक अवधारणा के पितामह है और ऐसा इसलिए है क्योंकि उन्होंने मैकडॉनल्डस की आहार क्रांति को अमेरिका में ही नहीं पूरी दुनिया में फैला दिया।

रे क्राक

टॉम मोनाहन

1980 के दशक में पिज्जा हट वालों ने देखा कि एक कम पूँजी वाला और कम शिक्षित व्यवसायी घर-पहुँचाकर पिज्जा सेवा चलाने लगा है। उस आदमी का नाम टॉम मोनाहन था। पिज्जा हट वालों को लगा कि यह एक अस्थायी फैशन है जो कुछ समय बाद खत्म हो जाएगा। उन्होंने इस तरफ ध्यान नहीं दिया। अगर पिज्जा हट वालों ने दूर तक सोच कर अपनी घर-पहुँचाकर सेवा शुरू कर दी होती तो उनके आठ हजार रेस्तरां की चेन टॉम मोनाहन जैसे छोटे प्रतियोगी को आसानी से तबाह कर सकती थी।

मोनाहन ने दूर तक सोच लिया था कि अमेरिकी लोगों की जीवन शैली में बदलाव आ रहे हैं और लोग अब रेस्तरां जाने की बजाय अपने घर पर खाना चाहते हैं। उनकी इसी दूरदर्शिता के कारण डोमिनोज पिज्जा अमेरिका में पिज्जा का सबसे बड़ा निर्माता बन गया। पिज्जा हट वालों ने इस बदलाव पर ध्यान नहीं दिया और उन्होंने इसे स्वीकार करने में इतनी देर कर दी कि अवसर उनके हाथ से निकल गया।

दूर तक सोचना कोई खास मुश्किल काम नहीं है बहरहाल बहुत कम लोग ऐसा करते हैं क्योंकि इसके लिए सभी संभावनाओं और बाधाओं का अनुमान लगाना पड़ता है काफी समय तक सोचना पड़ता है और दिमाग पर जोर डालना पड़ता है।

तो ऐसे बहुत से उदाहरण हैं इस किताब में जो आपको बहुत कुछ सिखाते हैं। इस किताब से आप सीख सकते हैं कि किस तरह से अलग-अलग क्षमता वाले लोगों ने अपनी क्षमता के अनुसार कुछ नया काम किया और इतिहास रच दिया। तो हम उम्मीद करते हैं कि यह जानकारी आपके काम आएगी और आप इससे लाभ उठा पाऐंगे।

टॉम मोनाहन

रिच डैड पुअर डैडः- रॉबर्ट टी कियोसाकी

अक्सर हम लोग पैसा कमाने के लिए नौकरी को एक अच्छा जरिया मानते हैं लेकिन लेखक ने इस किताब में समझाया है कि नौकरी एक स्थायी विकल्प (Permanent option) नहीं है पैसा कमाने के लिए। लेखक के अनुसार अगर आप पैसा कमाने के लिए नौकरी करते है तो इसमें कोई बुराई नहीं है क्योंकि नौकरी से हमें बहुत कुछ सीखने को मिलता है और पैसा भी आता है लेकिन यह समस्या का एक स्थायी समाधान नहीं है क्योंकि अगर आप सिर्फ नौकरी करते हैं या फिर आप स्वरोजगार (Self Employed) करते हैं तो आप तब तक ही पैसा कमा सकते हैं जब तक कि आप काम करते हैं और किसी कारणवश कभी कोई ऐसी स्थिति आ गयी कि आपके पास नौकरी नहीं है या आप काम पे नहीं जा पा रहे तो इस स्थिति में आप पैसा नहीं कमा पाते तो लेखक के अनुसार हर एक इंसान को पैसे का निवेश (Financial Investment) करना सीखना चाहिए और पैसे का निवेश करके जो कमाई की जाती है उसके लिए आपको कहीं काम पर नहीं जाना पड़ता। तो आप अलग-अलग तरीकों से कैसे निवेश कर सकते हैं और एक अच्छी कमाई की व्यवस्था कर सकते हैं। यह इस किताब में समझाया गया है।

धार्मिक किताबें (Religious Books):-

अभी हमने बात की सेल्फ हैल्प किताबों की जो कि हमें जिंदगी से जुड़ी चीज़ों के बारे में बताती हैं। अब हम बात करेंगे धार्मिक किताबों (Religious Books) की। अगर आप अपने हर दिन को बेहतर बनाना चाहते हैं तो आपको अपने हर दिन में रोज 10 मिनट या अपने समय के अनुसार एक धार्मिक किताब जरूर पढ़नी चाहिए। हम यहाँ रोज एक धार्मिक किताब पढ़ने के लिए इसलिए कह रह हैं क्योंकि आपको अपने दैविक ज्ञान (Devine Knowledge) को बढ़ाने की जरूरत है जो कि आपकी जिंदगी के साथ और जिंदगी के बाद भी काम आयेगा क्योंकि सिर्फ स्कूली शिक्षा या कॉलेज की डिग्रियाँ ही सब कुछ नहीं होती। हम अपने आस पास बहुत से लोगों को देख सकते हैं जो कि बहुत पढ़े लिखे हैं फिर भी वह अपनी जिंदगी ठीक तरह से नहीं जी पाते तो आज से आप अपनी दैविक शक्तियों को बढ़ाने की शुरूआत करें जो कि आपकी जिंदगी को ठीक तरह से चलाने में आपकी मदद करेगी तो आज से ही आप रोज 10 मिनट या अपने समय के अनुसार एक धार्मिक किताब पढ़ने की शुरूआत करें। आप किसी भी किताब से पढ़ना शुरू कर सकते हैं जैसे बाइबल, गीता या फिर जो कोई भी किताब आपको अच्छी लगे। इसकी शुरूआत के साथ ही आप देखेंगे कि आपकी जिंदगी से अँधेरा धीरे-धीरे खत्म हो रहा है और रोशनी बढ़ती जा रही है क्योंकि आपका दैविक ज्ञान अब बढ़ना शुरू हो गया है।

बाइबल और गीता के कुछ उदाहरण हम आपको देना चाहेंगे:-

बाइबल:-

बाइबल में एक जगह यीशू लोगों से कह रहे हैं:-

'माँगोगे तो पाओगे'- माँगो तो तुम्हें दिया जायेगा, ढूँढो तो तुम पाओगे, खटखटाओ तो तुम्हारे लिए खोला जाएगा। क्योंकि प्रत्येक जो माँगता है उसे मिलता है और जो ढूँढता है वह पाता है और जो खटखटाता है उसके लिए खोला जाएगा। तुममें से ऐसा कौन है जो अपने पुत्र को जब वह रोटी मांगे तो पत्थर दे? अथवा मछली माँगे तो सांप दे? अतः जब तुम बुरे होकर अपने बच्चों को अच्छी वस्तुए देना जानते हो तो तुम्हांरा पिता जो स्वर्ग में है अपने मांगने वालों को अच्छी वस्तुएं और अधिक क्यों न देगा? इसलिए जैसा कि तुम चाहते हो कि मनुष्य तुम्हारे साथ करे तुम भी उनके साथ वैसा ही करो, क्योंकि व्यवस्था यही सिखाती है।

हम यहाँ यह नहीं कहना चाहते कि आप हमेशा भगवान से कुछ ना कुछ मांगते रहे बल्कि हम यह कहना चाहते हैं कि जब आप रोज कुछ समय कोई धार्मिक किताब पढ़ते हैं तो आपको एहसास होता है कि भगवान हमेशा आपके साथ है।

बाइबल में एक जगह बताया गया है कि किस तरह का आचार-व्यवहार हर व्यक्ति का होना चाहिए।

"आचार-व्यवहार" प्रेम निष्कपट हो। बुराई से घृणा करो। भलाई में लगे रहो। प्रयत्न करने में आलसी ना हो, आत्मिक उत्साह से परिपूर्ण रहो और प्रभू की सेवा करते रहो। आशा में आन्दित रहो, क्लेश में स्थिर रहो, प्रार्थना में समर्पित रहो। पवित्र लोगों की जो आवश्यकता हो उसमें उनकी सहायता करो अतिथि सत्कार करने में लगे रहो। आनंद करने वालों के साथ आनंद करो और रोने वालों के साथ रोओ। परस्पर एक सा मन रखो। अभिमानी ना रहो, परन्तु दीनों से मिल-जुल कर रहो। अपनी दृष्टि में बुद्धिमान ना बनो। उन बातों का आदर करो जा सबकी दृष्टि में भली हैं। बुराई के बदले किसी से बुराई ना करो। जहाँ तक तुम से बन पड़े सबके साथ शांति

पूर्वक रहो। प्रियों, अपना बदला कभी ना लेना, परन्तु परमेश्वर के प्रकोप को जगह दो, क्योंकि लिखा है, **"प्रभु कहता है कि बदला लेना मेरा काम है, बदला मैं लूंगा।"**

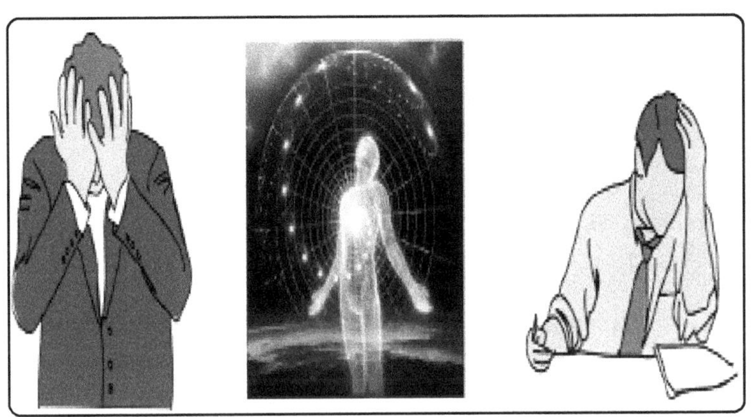

गीताः-

गीता के एक श्लोक में भगवान कृष्ण बता रहे हैं कि किस तरह के लोग उनको प्रिय हैं।

भगवान कृष्ण कहते हैं कि जो व्यक्ति शत्रु और मित्र में और मान और अपमान में सम हैं तथा सर्दी, गर्मी और सुख, दुख आदि में सम हैं और आसक्ति से रहित हैं।

जो निंदा-स्तुति को समान समझने वाला, मननशील और जिस किसी भी प्रकार से शरीर का निर्वाह होने में सदा ही संतुष्ट है वह स्थिर बुद्धि भक्त मुझको प्रिय है।

अक्सर हम लोग दुखों के आने पर संतुलन खो देते हैं तो जब हम इस तरह की किताबों से रोज जुड़ जाते हैं तो कहीं ना कहीं हमें मुश्किलों का समाना करने में हिम्मत मिलती है।

एक अन्य श्लोक में भगवान समझा रहे हैं:-

भगवान कहते हैं तू मुझमें मन वाला हो, मेरा भक्त बन, मेरा पूजन करने वाला हो और मुझको प्रणाम कर। ऐसा करने से तू मुझे ही प्राप्त होगा, यह मैं तुझसे सत्य प्रतिज्ञा करता हूँ।

इस अध्याय के द्वारा भगवान कहना चाहते हैं कि आप हर समय उनसे जुड़े रहें। इस तरह से आपको जिंदगी में आने वाली परेशानियों का सामना करने में हिम्मत मिलती है।

नोटः- हम यहाँ पर यह नहीं कहना चाहते कि आप भगवान यीशु या कृष्ण से ही जुड़े बल्कि आप उस परमेश्वर या दैविय शक्ति से जुड़े जिसमें आपकी असीम श्रद्धा हो।

तो अब आप समझ सकते हैं कि जब आप रोज कुछ समय कोई धार्मिक किताब पढ़ते हैं तो आप काफी कुछ सीख सकते हैं। हो सकता है कि इन किताबों में लिखी सभी बातों को आप अपनी जिंदगी में ना उतार-पायें लेकिन जब आप हर रोज कुछ समय ऐसी किताबों को पढ़ते हैं तो कहीं ना कहीं आपकी जिंदगी में सकारात्मक परिर्वतन आने लगता है।

धार्मिक किताबों के बारे में हम यहाँ एक बात और कहना चाहेंगे की बहुत से लोग धार्मिक किताबों के नाम पर किसी एक किताब का कोई एक अध्याय रोज पढ़ते रहते हैं। जिसमें कोई बुराई नहीं लेकिन यहाँ बात हो रही है अपनी नॉलेज को बढ़ाने की। तो अगर आप भी अपनी धार्मिक नॉलेज को बढ़ाना चाहते हैं तो हम आपको यह कहना चाहेंगे कि आप धार्मिक किताबों में रोज कुछ ना कुछ नया पढ़े और यह भी ज़रूरी नहीं कि आप सिर्फ अपने ही धर्म की किताबें पढ़ें। आप अपनी नॉलेज को बढ़ाने के लिए अलग-अलग धर्मों की किताबें भी पढ़ सकते हैं। जैसे गीता, बाइबिल, गुरु ग्रन्थ साहिब और कुरान इत्यादि। और फिर आप देखेंगे कि आपको हर एक किताब में कुछ ना कुछ नया सीखने को जरूर मिलेगा।

अखबार (News Paper):-

वैसे तो आजकल ज्यादातर लोग न्यूज पेपर पढ़ना पंसद करते ही है। तो यह सिर्फ उन लोगों के लिए है जो कि रोज कुछ समय के लिए न्यूज पेपर पढ़ना पंसद नहीं करते क्योंकि हम जिस दुनिया में रहते हैं वहां पर क्या चल रहा है यह जानने के लिए हर किसी को कुछ समय ज्यादा नहीं तो कम से कम 10 मिनट ही सही न्यूज पेपर पढ़ने या न्यज हेड लाइन्स पढ़ने के लिए जरूर निकालना चाहिए। इससे आप अपडेट फील करते हैं और आपका ज्ञान भी बढ़ता है तो अगर आप भी उन लोगों में से हैं जो कि रोज कुछ समय न्यूज पेपर पढ़ने के लिए नहीं निकालते तो कल जब आपका नया दिन शुरू हो तो कुछ समय इस काम के लिए निकालें और फिर आप देखेंगे कि आपका ज्ञान तेजी से बढ़ना शुरू हो गया है।

NEWS PAPER
BREAKING
NEWS
10 MINS

6 नंवबर 2016 नवभारत टाइम्स

वैसे तो हम अखबार में देश और दुनिया की बहुत सी खबरें पढ़ते है लेकिन कुछ खबरें हमको सोचने पर मजबूर कर देती हैं कि क्या हकीकत में भी ऐसा हो सकता है। ऐसी एक कहानी है निक व्युजिसिक (Nick Vujicic) की। एक ऐसा इंसान जिसके हाथ और पैर जन्म से ही नहीं है, जब हमने निक की कहानी अखबार में पढ़ी और उनकी फोटो अखबार में देखी तो विश्वास नहीं हुआ कि दुनिया में कोई ऐसा इंसान भी हो सकता है जिसके हाथ पैर जन्म से ही ना हो। निक का जन्म 4 दिसंबर सन 1982 में आस्ट्रेलिया में हुआ। जन्म से ही उनके हाथ पैर नहीं थे। जब निक की माँ ने उन्हें पहली बार देखा तो उन्हें यकीन नहीं हुआ। यहाँ तक कि उन्होंने 4 महीने तक निक को गोद में नहीं उठाया। निक के जीवन में मुश्किलें ही मुश्किलें थी। यहाँ तक कि 10 साल की उम्र में निक ने खुदकुशी करने की भी कोशिश की इसके लिए उन्होंने खुद को एक बाथटब में गिरा दिया, लेकिन उनको बचा लिया गया। फिर निक की माँ ने उनको एक लैटर दिया जिसमें एक विकलांग शख्स की अपनी विकलांगता पर जीत हासिल करने की कहानी थी और उसको पढ़ने के बाद निक की सोच पूरी तरह बदल गयी थी और आज निक एक मोटिवेशनल स्पीकर हैं और उन्होंने कई किताबें भी लिखी हैं। आज वह शादी-शुदा हैं और उनके चार बच्चे भी हैं। आज निक बहुत से देशों की यात्राऐ कर चुके हैं वहाँ जाकर वह लोगों को बहुत कुछ सिखाने की कोशिश करते हैं।

तो जब आप रोज कुछ समय अखबार पढ़ते हैं तो आप बहुत कुछ सीख सकते हैं। अखबार में आपको ऐसी ऐसी चीजें पढ़ने को मिल जाती हैं जिसके बारे में आपने कभी सोचा भी नहीं होगा।

पढ़ने के लिए बेहतर समयः- वैसे तो पढ़ने के लिए भी आप सुबह ही समय निकाले लेकिन सेल्फ हेल्प किताबों के लिए आप अपने अनुसार दिन में कोई भी समय निकाल सकते हैं।

निक व्युजिसिक

किताबें और न्यूज पेपर एक जरिया है
नॉलेज को इकट्ठा करने
का और नॉलेज आपको दुनिया में
कहीं भी लेकर जा सकती है।

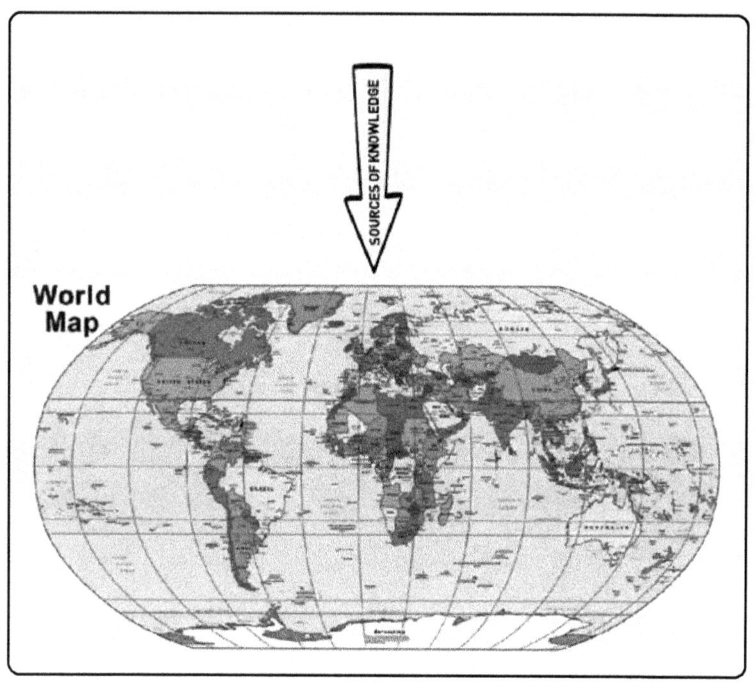
SOURCES OF KNOWLEDGE
World
Map

तो अब से आप अपनी जिंदगी को
सही तरह से जीने के लिए
अलग-अलग नॉलेज को अपनी ज़िंदगी
का हिस्सा बनाएँ।
न्यूज पेपर, रिलिजिअस बुक्स,
सैल्फ हैल्प बुक्स।

3-सारी दुनिया अपने हर दिन की वैल्यू को समझे

तो अभी तक आपने दिया है 10-15 मिनट का समय मेडिटेशन के लिए और 30 मिनट का समय पढ़ने के लिए जिसमें 10 मिनट सैल्फ हैल्प बुक के लिए, 10 धार्मिक किताब के लिए और 10 मिनट न्यूज पेपर के लिए तो कुल मिलाकर अगर आप 40-45 मिनट का समय पढ़ने और मेडिटेशन के लिए निकालना शुरू करते हैं तो आप देखेंगे कि आपकी जिंदगी तेजी से बदलना शुरू हो गयी है क्योंकि आपका ज्ञान अब बढ़ना शुरू हो गया है और आप महसूस करेंगे कि अगर कोई भी नकारात्मकता आपके जीवन में आती है तो वह मेडिटेशन करने से और ऐसी किताबें पढ़ने से अपने आप चली जाती है और आप जिंदगी को अच्छे ढंग से जीने के लिए नये-नये तरीके ढूँढने लगते है तो सिर्फ आधे घंटे का समय और जिंदगी मे इतना परिर्वतन और अब हम आगे बताएंगे वह तीसरा काम जिसे आपको अपने हर दिन में शामिल करना चाहिए और वह भी बहुत ज़रूरी है आपके विकास के लिए।

व्यायाम (Exercise):-

तो जब हम आपको अपने हर दिन पर फोकस करने के लिए कह रहे हैं तो हम यह कसे भूल सकते हैं कि हमको रोज कुछ समय स्वस्थ रहने के लिए व्यायाम करना चाहिए। ज्यादा नहीं तो कम से कम 15 से 20 मिनट ही सही। तो आप अपने समय के अनुसार कोई भी फिजिकल एक्टिविटी जैसे योगा, मार्निंग वॉक आदि को अपने हर दिन में शामिल कर सकते हैं और जब आप रोज कुछ वक्त इसके लिए निकालेंगे तो आप बहुत हैल्दी और एनर्जेटिक महसूस करेंगे। वैसे तो आजकल के समय में लोग रोज कुछ समय व्यायाम के लिए निकालते हैं तो यह सिर्फ उन लोगों के लिए है जो कुछ समय इसके लिए नहीं निकालते हैं तो अब से आप अपने हर दिन की वैल्यू को समझे और कुछ समय व्यायाम के लिए निकालें और आपने हर दिन को बेहतर बनाने की कोशिश करें क्योंकि एक-एक दिन करके ही तो जिंदगी बनती है।

व्यायाम (Exercise) किस समय करना चाहिए:-

इसके लिए भी अगर आप सुबह ही कुछ समय निकाल सकते हैं तो बहुत अच्छा है नहीं तो आप अपने समय के अनुसार इसे कर सकते हैं।

EXERCIES
15-20 MINS

EXERCIES DAILY

बिना सेहत के जिंदगी कुछ भी नहीं है इसलिए आप व्यायाम (Exercies) को रोज अपने जीवन की हिस्सा बनाएं।

सुबह के पहले कुछ समय मेडिटेशन के लिए उसके बाद कुछ समय व्यायाम (EXERCISE) के लिए फिर कुछ समय पढ़ने के लिए निकलें।

तो अभी तक अगर हम देखें तो हमें अपने हर दिन को बेहतर बनाने के लिए चाहिए 60 मिनट तक का समय, जिसमें 10 से 15 मिनट का समय मेडिटेशन के लिए 30 मिनट का समय पढ़ने के लिए (10 मिनट सैल्फ हैल्प बुक के लिए, 10 मिनट धार्मिक किताब के लिए और 10 मिनट अखबार पढ़ने के लिए) और 15 से 20 मिनट का समय व्यायाम के लिए और अगर आप ये तीनों चीजें अपने हर दिन में शामिल करते हैं तो आप देखेंगे कि आपका दिन बदलना शुरू हो गया है और जब आपका दिन बदलना शुरू हो जाएगा तो आपकी जिंदगी भी बदलनी शुरू हो जाएगी और इसमें भी सबसे ज्यादा ज़रूरी है मेडिटेशन क्योंकि यह एक शक्तिशाली प्रकिया है। यह आपको एक ऐसी दुनिया से जोड़ देता है जहाँ कोई भी परेशानी नहीं है। तो अगर आप अब से मेडिटेशन करना शुरू करते हैं तो आप समझेंगे कि अब तक आपने अपनी जिंदगी की शुरूआत ही नहीं की थी तो अब से आप इन चीज़ों को अपने हर दिन में रोज शामिल करें और अपने हर दिन को बेहतर बनाने की कोशिश करें क्योंकि एक-एक दिन करके ही तो जिंदगी बनती है।

तो अभी तक जो तीन चीजें हमने बताई मेडिटेशन, रीडिंग और व्यायाम जिसके लिए हमें चाहिए कम से कम 60 मिनट तक का समय। लेकिन अब जो तीन चीजें हम आगे बताने जा रहे हैं उसके लिए आपको सिर्फ ध्यान देने की जरूरत है और अगर आप ऐसा करते हैं तो आप देखेंगे कि आपकी जिंदगी में एक बहुत बड़ा सकारात्मक परिवर्तन आ रहा है।

आप क्या सोचते हैं:-

जी हाँ यहाँ बात हो रही है अपने हर दिन पर फोकस करने की और अपने हर दिन को बेहतर बनाने की तो एक और चीज़ है जो आपके हर दिन को बेहतर बना सकती है और वह यह है कि आप क्या सोचते हैं क्योंकि जिंदगी में हर चीज़ की शुरूआत सोच से ही होती है लेकिन कुछ लोगों को बिना वजह ही नेगिटिव सोचने की आदत होती है जो कि उनकी तरक्की में एक रुकावट है तो आप इस बात पर ध्यान दें कि आपको पॉजिटिव सोचना है। अगर कोई नेगिटिव विचार आपके दिमाग में आता भी है तो आप ध्यान रखें कि आपका नया दिन शुरू हो गया है और एक-एक दिन करके ही आपको अपनी जिंदगी बनानी है तो जो कोई भी समस्या आपकी जिंदगी में आती है तो उसका हल निकालने की कोशिश करें और हर रोज पॉजिटिव सोचने की कोशिश करें। हो सकता है कि यह बहुत ही सामान्य लग रहा हो लेकिन आप अपने आप से पूछें कि आप रोज पॉजिटिव सोचते हैं कि नहीं अगर नहीं तो आज से ही आप पॉजिटिव सोचने की शुरूआत करें और अपने हर दिन को बेहतर बनाने की कोशिश करें।

सकारात्मक कैसे सोचें:-

अब आप यह सोच रहे होंगे कि सकारात्मक कैसे सोचें। जी हाँ हर समय सकारात्मक सोचना आसान नहीं होता क्योंकि जिंदगी उतार चढ़ाव से भरी है। हम इंसानों की जिंदगी में हर समय कुछ ना कुछ ऐसा चलता रहता है जिससे कि हर समय सकारात्मक सोचना थोड़ा मुश्किल हो जाता है। सकारात्मक सोचना मुश्किल जरूर हो सकता है लेकिन नामुमकिन नहीं अगर आपको अपनी जिंदगी ठीक तरह से जीनी है तो आपको सकारात्मक सोचना ही पड़ेगा क्योंकि नकारात्मक सोचने से तो जिंदगी नहीं चल सकती और ना ही किसी समस्या का कोई हल निकल सकता है। तो सकारात्मक सोचना भी एक काम है आपको अपने आप से यह कहना पड़ेगा कि जो भी हुआ वह बीत चुका है और आप हमेशा अपनी पिछली जिंदगी से सीख कर आगे बढ़ने की कोशिश करेंगे और सकारात्मक सोचने की कोशिश करेंगे। इसके साथ-साथ जैसे हमने बताया है कि मेडिटेशन भी सकारात्मक सोचने में मदद करता है।

आप क्या सोचते हैं

सकारात्मक सोचने में एक रुपया भी खर्च नहीं होता इसलिए आप सकारात्मक सोच को अपने हर दिन का हिस्सा बनाएँ।

आप क्या बोलते हैं:-

क्या आपने कभी फोकस किया है कि आप क्या बोलते हैं, पॉजिटिव बोलते हैं या नेगेटिव बोलते हैं, कम बोलते हैं या ज्यादा बोलते हैं, सोच कर बोलते हैं या फिर बिना सोचे समझे बोलते हैं। अगर हम सचमुच में अपने हर दिन को बेहतर बनाना चाहते हैं तो हमें इस बात पर ध्यान देना होगा कि हम क्या बोलते हैं क्योंकि कुछ लोगों को बिना वजह ही नेगिटिव बोलने की आदत होती है जो कि उनकी तरक्की में एक रूकावट है तो अब से आप ध्यान दे कि आपको जो भी बोलना है पॉजिटिव बोलना है हो सकता है यह बहुत ही सामान्य सा लग रहा हो लेकिन आप अपने आपसे पूछे कि आप रोज पॉजिटिव बोलते हैं या नहीं अगर नहीं तो कल आप अपने नये दिन की शुरूआत के साथ अपने आप से यह वादा करें कि आप सबके साथ पॉजिटिवली बात करेंगे और जब कभी नेगेटिव बोलने का ख्याल आपके मन में आये तो आप ध्यान रखिए कि अब आपको अपने हर दिन के महत्त्व का पता चल गया है। ऐसा सोच कर आप नेगेटिव बोलने से बचेंगे और पॉजिटिव बोलने की कोशिश करेंगे।

सकारात्मक कैसे बोलें:-

जिस तरह सकारात्मक सोचना आसान नहीं होता ठीक उसी तरह सकारात्मक बोलना भी हमेशा आसान नहीं होता। इसका कारण भी यही है कि हम सब की जिंदगी में हर समय उतार-चढ़ाव आते रहते हैं जिसके कारण हम जाने अनजाने में कई बार सकारात्मक नहीं बोल पाते लेकिन जिस तरह नकारात्मक सोचने से जिंदगी नहीं चल सकती ठीक उसी तरह नकारात्मक बोलने से भी जिंदगी नहीं चल सकती और ना ही किसी समस्या का कोई हल निकल सकता है। तो आपको हर समय इस बात पर ध्यान देना होगा कि आपको सकारात्मकता पूर्वक बात करनी है क्योंकि एक बार बोले गये शब्द वापिस नहीं लिए जाते इसलिए अगर आप अपनी उन्नती करना चाहते हैं तो आपको इस बात पर ध्यान देना होगा कि आप क्या बोलते हैं और जब आप लगातार इस बात पर ध्यान देंगे तो आप सकारात्कता पूर्वक बोलने लगेंगे और इससे आप अपनी जिंदगी में एक बड़ा परिर्वतन महसूस करेंगे। और यहाँ एक बात और ध्यान देने वाली है कि कई बार हम अपने आस-पास ऐसे लोगों को देखते हैं जिन्हें बात-बात पर दूसरों को ताना मारने या अभद्र बोलने की आदत होती है लेकिन वह लोग यह नहीं सोचते कि इससे दूसरे के मन को कितनी ठेस पहुंचती है। तो हर किसी को ऐसी आदतों से बचना चाहिए और अंत में हम यह कहना चाहेंगे कि आपके बोलने से ही रिश्ते बनते और बिगड़ते हैं इसलिए आप हर रोज सकारात्मक बोलने की कोशिश करें और अपनी जिंदगी को बेहतर बनाने की कोशिश करे।

आप क्या बोलते हैं ?

सकारात्मक बोलने में भी कुछ
खर्चा नहीं होता इसलिए आप हर
रोज सकारात्मक बोलने की कोशिश करें।

आप क्या करते हैं:-

तो अभी-अभी हमने सीखा है अपने हर दिन की वैल्यू को समझते हुए हमें हर रोज पॉजिटिव सोचना है और पॉजिटिव बोलना है वैसे तो जब आपकी सोच पॉजिटिव होगी तो जो भी काम आप करेंगे वह भी पॉजिटिव ही करेंगे। लेकिन हम आपसे यह कहना चाहते हैं कि अगर आप अपनी जिंदगी में बदलाव लाना चाहते हैं तो आप अपने हर दिन में बदलाव लाने की कोशिश करें और जो भी काम आप करते हैं वह सही दिशा में करें और इस बात पर ध्यान दें कि कहीं आपके काम से किसी का कोई नुकसान तो नहीं हो रहा। तो जब सही सोचना, सही बोलना और सही करना यह तीनों चीजें आपके हर दिन में रोज शामिल हो जायेंगी तो आपका दिन बदलना शुरू हो जाएगा और जब आपका दिन बदलना शुरू हो जाएगा तो आपकी जिंदगी भी बदलनी शुरू हो जाएगी।

आप क्या करते हैं

अपने सभी काम आप सही दिशा
में करने की कोशिश करें।

आप अपने हर घंटे पर ध्यान दें:-

जैसा कि हमने अपने हर दिन को बेहतर बनाने की बात कही है क्योंकि एक-एक दिन करके ही जिंदगी बनती है इसलिए यहाँ पर वह सब चीजें बताई गयी हैं जिन्हें अगर आप अपने हर दिन में शामिल करते हैं तो आपका दिन बेहतर बन सकता है और जब आपका दिन बेहतर होगा तो आपकी जिंदगी अपने आप बेहतर होती चली जाएगी तो अंत में हम आपको कहना चाहेंगे कि आप अपने हर घंटे पर फोकस करें। हर घंटे में आप क्या सोचते हैं, क्या बोलते हैं और क्या करते हैं। अगर आपको लगता है कि आपके पास 15 मिनट का समय मेडिटेशन के लिए नहीं है तो आप ध्यान दें कि आप अपने हर घंटे का इस्तेमाल कैसे कर रहे हैं। इससे आपको पता चल जाएगा कि आप अपने समय का सही इस्तेमाल कर रहें है या नहीं तो जब आप अपने हर घंटे का सही इस्तेमाल करेंगे तो आपका दिन बदलना शुरू हो जाएगा और जब आपका दिन बदलना शुरू हो जाएगा तो आपकी जिंदगी भी बदलनी शुरू हो जाएगी।

आप अपने हर घंटे पर ध्यान दें

आप अपने दिन की शुरूआत कितने बजे करते हैं:-

एक और चीज़ है जो आपके हर दिन को बेहतर बना सकती है और वह यह है कि आप अपने हर दिन की शुरूआत कब करते हैं या फिर आप सुबह कितने बजे उठते हैं। जी हाँ अगर आप अपने हर दिन को बेहतर बनाना चाहते हैं तो आप सुबह जल्दी उठने की आदत डालें। 5 बजे, 6 बजे, या 7 बजे। हम यहाँ कोई समय निश्चित नहीं कर रहे लेकिन हम आपसे यह कहना चाहते हैं कि अगर आप सुबह जल्दी उठने की आदत डालते हैं तो इससे आपको बहुत सारा समय मिल जाता है अपने कामों को करने के लिए और सुबह का समय ही एक ऐसा समय होता है जब हमें सबसे ज्यादा काम करने होते हैं तथा सुबह के समय हम सबके पास बहुत ऊर्जा भी होती है जिससे हम अपने कामों को बहुत अच्छी तरह कर सकते हैं अगर सफल लोगों की जिंदगी पर एक नजर डाली जाए तो हम पाएंगे कि अधिकतर सफल लोग सुबह जल्दी उठते हैं और रात को जल्दी सो जाते हैं। तो आप सुबह जल्दी उठने की आदत डालें और अपने हर दिन को बेहतर बनाने की कोशिश करें।

हम आपको कुछ सफल व्यक्तियों के उदाहरण देने जा रहे हैं जो अपने दिन की शुरूआत सुबह जल्दी उठकर के करते हैं।

क्रमांक	नाम	व्यवसाय	उठने का समय	सोने का समय
1	टिम कुक	एप्पल कंपनी के सी.ई.ओ.	3:45 प्रातः काल	9:30 रात को
2	इंदिरा नूई	पैप्सिको कंपनी की सी.ई.ओ	4:00 प्रातः काल	11:00 रात को
3	नरेन्द्र मोदी	भारत के प्रधानमंत्री	5:00 प्रातः काल	1:00 रात को
4	विराट कोहली	भारतीय क्रिक्रेट खिलाड़ी	6:00 प्रातः काल	11:00 रात को
5	ओपरा विनफ्रे	ओपरा विनफ्रे शो की होस्ट	6:00 प्रातः काल	10:00 रात को
6	वारेन बफे	बर्क शायर हैथवे कंपनी के सी.ई.ओ.	6:45 प्रातः काल	10:45 रात को
7	बिल गेट्स	माइक्रोसोफट के संस्थापक	7:00 प्रातः काल	12:00 रात को

अब एक बार हम नजर डालते हैं कि हमने अपने हर दिन को बेहतर बनाने के लिए क्या-क्या सीखा है और इसके लिए हमें कितना समय चाहिए।

1) **मेडिटेशन-** हर रोज 10-15 मिनट मेडिटेशन के लिए निकाले (बाकी आप अपने अनुसार इस समय को घटा या बढ़ा सकते हैं)। इसके बिना जिंदगी की कल्पना करना बेकार है यह जिंदगी के उतार-चढ़ाव में आपके दिमाग को शांत रखने में आपकी मदद करेगा।

2) **रीडिंग-** बिना नॉलेज के आप ज्यादा विकास नहीं कर सकते इसलिए रीडिंग को अपने हर दिन में शामिल करें और हर रोज कम से कम 30 मिनट रीडिंग के लिए निकालें। 10 मिनट सैल्फ हैल्प बुक, 10 मिनट कोई भी धार्मिक किताब और 10 मिनट अखबार के लिए, बाकी आप अपने अनुसार इस समय को घटा या बढ़ा सकते हैं।

3) **व्यायाम-** अगर आप अपने हर दिन को बेहतर बनाना चाहते हैं तो हर रोज कम से कम 15 से 20 मिनट व्यायाम के लिए निकाले। (बाकी आप अपने अनुसार इस समय को घटा या बढ़ा सकते हैं)।

4) **आप क्या सोचते हैं-** सकारात्मक सोच को अपने हर दिन में शामिल करें क्योंकि जिंदगी में हर चीज़ की शुरूआत सोच से ही होती है।

5) **आप क्या बोलते हैं-** आप हर दिन क्या बोलते हैं उस पर ध्यान दें क्योंकि कई बार हम जाने अनजाने नेगिटिव बोलते हैं क्योंकि शायद हमने कभी इस तरफ ध्यान ही नहीं दिया कि हमें अपने हर दिन के महत्व को समझना है और पॉजिटिव बोलने की कोशिश करनी है। तो अब से आप अपने हर दिन के महत्व को समझे और हर रोज पॉजिटिव बोलने की कोशिश करें।

6) **आप क्या करते हैं-** आप अपने हर दिन में जो भी काम करते हैं उस पर ध्यान दें, ध्यान दें कि आपके काम के द्वारा किसी का नुकसान तो नहीं हो रहा।

7) **आप अपने हर घंटे पर ध्यान दें-** एक-एक घंटा करके ही एक दिन बनता है तो अपने हर दिन को बेहतर बनाने के लिए ध्यान दें कि आप अपने हर घंटे का इस्तेमाल किस तरह करते हैं।

8) **सुबह जल्दी उठने की आदत डालें।**

आप इन चीज़ों को भी अपने हर दिन में शामिल करें। अच्छा खाना (Healthy Food) जो आपके बजट में हो उसे अपने हर दिन में शामिल करें।

अक्सर हम लोग यह सुनते हैं कि हैल्दी रहने के लिए हमें रोज 8 से 10 गिलास पानी पीना चाहिए लेकिन क्या आप ऐसा करते हैं अगर नहीं तो अब से आप अपने हर दिन को बेहतर बनाने के लिए रोज 8 से 10 गिलास पानी पीना शुरू कीजिए।

हम आपको बताने जा रहे हैं की किस तरह आप रोज ध्यान देकर 8-10 गिलास पानी पी सकते हैं।

1) सुबह उठने के बाद 1 गिलास पानी पीना चाहिए फिर उसके कुछ मिनट बाद 1 गिलास पानी पीना चाहिए।

2) नाश्ता करने के 30-40 मिनट बाद 1 गिलास पानी पीना चाहिए और फिर उसके 20-30 मिनट बाद 1 गिलास पानी पीना चाहिए।

3) दोपहर का खाना खाने के 30-40 मिनट बाद 1 गिलास पानी पीना चाहिए और फिर उसके 20-30 मिनट बाद 1 गिलास पानी पीना चाहिए।

4) शाम की चाय पीने के 30-40 मिनट 1 गिलास पानी पीना चाहिए और फिर उसके 20-30 मिनट बाद 1 गिलास पानी पीना चाहिए।

5) रात का खाना खाने के 30-40 मिनट बाद 1 गिलास पानी पीना चाहिए और फिर उसके 20-30 मिनट बाद 1 गिलास पानी पीना चाहिए।

बाकी आप अपने अनुसार इस समय को थोड़ा आगे या पीछे कर सकते हैं।

तो जब आप पूरा दिन ध्यान देंगे तो आप 8-10 गिलास या उससे ज्यादा पानी हर दिन पी सकते हैं और अपने हर दिन को हैल्दी बना सकते हैं।

कई बार हम लोग काम के चलते इतने व्यस्त हो जाते हैं कि अपने मनोरंजन के लिए समय निकालना भूल जाते है तो आप अपने हर दिन में कुछ समय मनोरंजन (Entertainment) के लिए जरूर निकालें।

अपने हर दिन में आप कुछ समय अपने रिश्तों के लिए जरूर निकालें।

अपने हर दिन में आप इस बात पर ध्यान दें कि आप ऊपर से नीचे तक कैसे दिखते हैं।

बराक ओबामा और उनकी पत्नी मिशेल ओबामा

आप इस बात पर भी हर रोज ध्यान दें कि आप कैसे चलते हैं कैसे बैठते हैं और कैसे बात करते हैं तो अब से आप इन सब चीज़ों पर ध्यान दें और अपने हर दिन को बेहतर बनाने की कोशिश करें।

ओपरा विनफ्रे

आप अपने हर दिन को हल्के में ना लें।

आपकी जिंदगी का हर दिन आपका दिन है इसलिए आप इसकी कीमत समझें।

अगर आप अपना दिन बदल सकते हैं तो आप अपनी जिंदगी भी बदल सकते हैं।

सोचिए एक-एक दिन बिताने के लिए आपको कितनी मेहनत करनी पड़ती है तो क्यों न हर एक दिन का सही इस्तेमाल किया जाए।

न जाने कौन सा दिन हमारी ज़िंदगी का आखिरी दिन है इसलिए आप अपने हर दिन की वैल्यू करना सीखें।

इस किताब का मकसद आपके हर दिन
को बेहतर बनाना है क्योंकि
अगर दिन बेहतर होगा तो ज़िंदगी
अपने आप बेहतर होती चली जाएगी।
तो हम उम्मीद करते हैं कि आप सभी
को हमारा यह प्रयास/कॉसेप्ट अच्छा
लगेगा और इसके साथ ही हम यह
आशा करते हैं कि आप इसे जीवन
में उतारने की कोशिश करेंगे।

इस पुस्तक को समय देने के लिए साभार
धन्यवाद।

औरतों के विषय में हमारे विचार

औरतों के विषय में हम यहाँ पर यह कहना चाहते हैं कि औरतें घरेलू काम काज के साथ जितना वित्तीय रूप (Financial) से आत्मनिर्भर बन सकें उतना उनके लिए, उनके परिवार के लिए और समाज के लिए अच्छा है। अपनी क्षमता के अनुसार हर औरत को आत्मनिर्भर बनने के लिए कुछ ना कुछ काम जरूर करना चाहिए।

आप इस किताब के संक्षिप्त विवरण को यू ट्यूब पर हिंदी भाषा में देख सकते हैं।

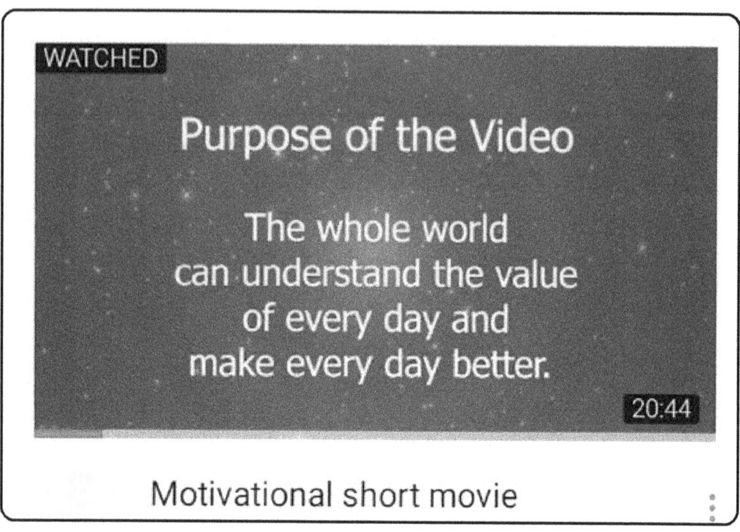

विडियो देखने के लिए आप टाइप करें
vinni rawal

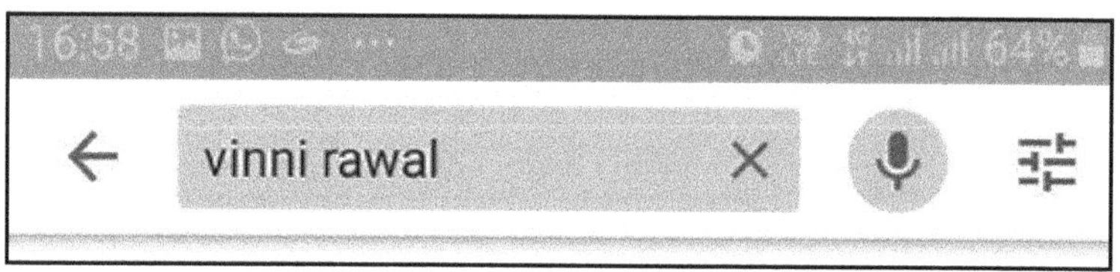

लेखिका की और से पाठकों के लिए

जैसे हमें रोज अच्छा खाना खाने की
जरूरत होती है ठीक उसी तरह
ही हमें रोज अच्छे विचारों
(Thoughts) की भी जरूरत
होती है

-vinni rawal

जिंदगी में बस चलते रहिए रास्ते
और मंजिल दोनों अपने आप
मिल जाएंगे।

-vinni rawal

आसमान की तरफ देखें अवसरों के
बारे में सोचें और आपको
रास्ता मिल जाएगा।

-vinni rawal

शिक्षा के अन्य नामों में से एक यह है
कि आपने अपने क्षेत्र में निपुणता
हासिल की है।
–जैसे सचिन तेंदुलकर
-vinni rawal

लोग आएंगे और जाएंगे
नौकरी आएगी और जाएगी
सफलता आएगी और जाएगी
लेकिन आप
अपनी जिंदगी जीते रहो
जीते रहो और जीते रहो।

-vinni rawal

जीवन एक कार ड्राइविंग की तरह है
आपको हर समय सावधान रहना होगा।
-vinni rawal

सोचो आकाश की सीमाओं के बारे में
समुद्र की सीमाओं के बारे में
और ब्राह्मण की सीमाओं के बारे में

-vinni rawal

हर अंत के बाद में एक नई शुरुआत होती है। आपको करना यह है कि आपको पुराने अंत से सीखना है और नई शुरुआत पर फोकस करना है।

-vinni rawal

आपके आलोचक आपके शुभचिंतक है
क्योंकि वह आपको धक्का देते
हैं और आपको वहीं ले जाते हैं
जहां आपको होना चाहिए।

-vinni rawal

नाव पानी के बहाव के उल्टा नहीं
चल सकती इसी तरह जिंदगी
में आपको उन्हीं लोगों पर
फोकस करना होगा जो
आपके साथ हैं।

-vinni rawal

आपका सबसे कठिन समय आपको
जीवन का सबसे महत्वपूर्ण
सबक सिखाता है।
-vinni rawal

जिंदगी का एक अजीब सच
हर पल गलती करने वाला इंसान किसी
दूसरे की एक भी गलती माफ
नहीं करना चाहता।

-vinni rawal

एसे ही और कोटेशनस के लिए आप इनको फोलो कर सकते हैं।

instagram -iamvinnirawal

आप अपने सुझाव, विचार व फीड बैक इनको नीचे दी गई ईमेल आईडी पर भेज सकते है ।

Vinnirawal2016@gmail.com

www.ingramcontent.com/pod-product-compliance
Ingram Content Group UK Ltd.
Pitfield, Milton Keynes, MK11 3LW, UK
UKHW021658190726
13853UKWH00001B/340